MW01468913

Das STADTRADELN-Buch

Ludger Vortmann

Das STADTRADELN Buch

So startest Du deine eigene kleine Verkehrswende!

Bibliografische Information der Deutschen Nationalbibliothek: Die Deutsche Nationalbibliothek verzeichnet diese Publikation in der Deutschen Nationalbibliografie; detaillierte bibliografische Daten sind im Internet über dnb.dnb.de abrufbar.

© 2022 Ludger Vortmann

Herstellung und Verlag: BoD - Books on Demand, Norderstedt

ISBN: 9783756239894

Lektorat: Karol Maria Kubal
Coverfoto: Envatoelements / Sunny_studio

Folgen Sie mir auch auf meinen Social-Media-Kanälen:
Instagram: @stadtradeln_buch
Twitter: @luvoman
Facebook: @ludger.vortmann.1

Weitere Informationen: www.Stadtradeln-Buch.de

Redaktionsschluss: 08. Juli 2022

Hinweis: Alle Angaben in diesem Buch erfolgen nach bestem Wissen und Gewissen. Der Autor übernimmt keine Gewähr für die Richtigkeit der Angaben und externen Links und haftet nicht bei Personen-, Sach- oder Vermögensschäden, die aus der Anwendung der Informationen aus dem Buch erfolgen können. Das Buch spiegelt ausschließlich die Meinung des Autors wider und kann daher von der Meinung des Klima-Bündnis abweichen.

Für Nicole, Merle und Marieke.
Ihr habt es wirklich durchgezogen.
Ich bin so stolz auf euch!

„Große Dinge entstehen
durch eine Reihe kleiner Dinge,
die zusammenkommen."

Vincent van Gogh

Inhalt

1. Warum dieses Buch für *uns alle* ist

Das STADTRADELN-Buch habe ich für uns alle geschrieben. Und damit beziehe ich ausdrücklich Autofahrende mit ein. Wie kann das sein?, könnte man jetzt fragen. Ein Buch übers Radfahren und Du erwähnst schon im zweiten Satz das Auto?

Ja!, antworte ich dann. Weil es hier um uns alle geht: Um die Fünfjährige, die gerade erst das Radfahren lernt. Um Kinder, Jugendliche und Erwachsene und um die große Gruppe der Senior:innen, die möglichst lang selbstbestimmt und selbstständig mobil sein wollen. Zum Beispiel mit einem elektrisch unterstützten E-Bike oder Pedelec, das ihnen neue Mobilität ermöglicht, weil sie Radtouren oder Erledigungen im Alltag mit dem Fahrrad aus eigener Kraft vielleicht nicht mehr schaffen.

Es geht hier um unsere Mobilitätsbedürfnisse – *in der Stadt und auf dem Land.* Es geht um unsere Fortbewegung zu Fuß, mit dem Fahrrad, Pedelec, Bus, der Bahn und auch mit dem Personenkraftwagen. Denn seien wir mal ehrlich: die meisten von uns sind doch vielfältig unterwegs: Wir gehen zu Fuß, wir fahren Fahrrad, wir nehmen Bus und Bahn und ebenfalls den Wagen, wenn ich die Zulassungszahlen des Kraftfahrt-Bundesamts (KBA) nicht komplett falsch interpretiere[1].

In Deutschland gab es Ende 2021 deutschlandweit 48,5 Millionen Pkw und sogar 81 Millionen Fahrräder. Damit besitzt rein rechnerisch jede:r Bürger:in unseres Landes ein Fahrrad. Das ist schön! Aber warum ist der Radverkehrsanteil mit elf Prozent dann so niedrig? Auch damit werden wir uns befassen.

Unstrittig ist, dass der Verkehrssektor unser Sorgenkind ist. Denn während andere Bereiche in den letzten Jahrzehnten ihren Ausstoß klimaschädlicher Gase deutlich verringern konnten, scheint Klimaschutz für den Verkehrssektor unterm Strich ein Fremdwort zu

1 2.622.132 PKW (Zulassungen 2021) Quelle: Kraftfahrtbundesamt KBA

sein. Dabei haben wir kein Erkenntnisproblem: Wir wissen längst, dass wir viel zu oft auf Kurzstrecken sogar unter zwei Kilometer für Bequemlichkeitsfahrten das Auto nutzen. Und das, obwohl wir mit dem Fahrrad in der Regel genauso schnell ans Ziel kommen könnten und oft obendrein schneller wären.

Auch damit braten wir dem Klima eins drüber – aber vor allem unseren Kindern und Enkelkindern. Sie müssen bereits in wenigen Jahren diese *Klimawandel-Buchstabensuppe* auslöffeln. Und darin befinden sich leider besonders viele Cs, Os und Zweien. CO_2! Es ist Zeit, dass wir uns gemeinsam an den runden Tisch setzen und generationenübergreifend eine *Klimawandel-Buchstabensuppe* zubereiten, die gesund ist und uns allen schmeckt. Welche Zutaten wir benötigen, wissen wir: viele Fs für das Fahrrad und den Fußverkehr, wesentlich mehr ÖS, Ps, Ns und Vs und ganz viele andere nahrhafte Buchstaben-Nudeln. So können wir uns bei Bedarf BUS und BAHN zusammenlöffeln. Folgende Begriffe sollten aus jeder vernünftigen Buchstabensuppe zusammensetzbar sein:

G-E-M-E-I-N-S-A-M
Z-U-K-U-N-F-T
K-L-I-M-A
I-C-H
D-U
W-I-R
G-E-S-T-E-R-N
H-E-U-T-E
M-O-R-G-E-N
J-E-T-Z-T
A-N-F-A-N-G-E-N

Die Buchstaben-Suppe, die ich meine, sollte allen schmecken. Kindern, die das Fahrradfahren gerade erst lernen. Und natürlich auch der Generation meiner Schwiegereltern mit 65+, für die Mobilität im Alter ja besonders wichtig ist.

Puh, jetzt saß ich an meinem Schreibtisch und fragte mich, wie ich das anstellen soll: Eine Art *Mobiltäts-Kochbuch* mit Rezepten für jung und alt, die möglichst jeden Geschmack treffen und sich schnell und einfach umsetzen lassen.

„Hey, Papa, bleib cool und schreib wie immer drauf los, dann wird das schon!“, sagten Merle und Marieke.

„Einfach machen“, sagte meine Frau Nicole, „aber bitte nicht nur aus der Perspektive der Männer.“

Meine Schwiegereltern: „Vergiss die älteren Menschen nicht, Jung!“

„Drisch nicht nur auf die Autofahrer ein“, riet mein Nachbar Ralf, der sein Auto nicht nur fährt, sondern auch liebt, wie er gerne behauptet. „Also ***Luxus pur!*** Und lass mich dein Buch als erstes lesen. Wenn es mir gefällt, können bestimmt auch andere was damit anfangen.“

Und alle hatten auf ihre Art recht. So ist es hoffentlich ein Text für alle geworden. Nicht nur für STADTRADELN-Teilnehmer:innen, sondern für alle, die sich für das Radfahren interessieren. An jedem Tag im Jahr.

Mein Buch soll dir Spaß machen und Tipps geben rund ums Radfahren und Klimaschutz. Hier stecken all meine Erfahrungen als Alltagsradler drin und ich habe es bewusst mit einem Augenzwinkern geschrieben. Es gibt leider gerade zu viele traurige Dinge, daher lasst uns lachen, wann immer es möglich ist. Auch ein wenig über uns selbst.

Ich beziehe mich im Infoteil auf aktuelle Studien und Informationen, die ich bis zum Redaktionsschluss im Juni 2022 für dich recherchieren konnte. Es ist daher auch eine gute Vorbereitung für alle, die beim STADTRADELN mitmachen wollen: als Teilnehmende, Koordinator:innen in Kommunen und Schulen oder für Lokalpolitiker:innen.

Losgelöst vom Wettbewerb, findest Du hier jede Menge Infos rund ums Rad und hoffentlich kurzweilige Unterhaltung. Wenn

Du zusätzliche Ideen hast oder dir Fehler auffallen sollten, freue ich mich über eine Rückmeldung per E-Mail an:

Ludger@Stadtradeln-Buch.de

Über meine Internetseite *www.Stadtradeln-Buch.de* findest du weitere Infos zu meinen anderen Projekten.

Übrigens: Mein Nachbar Ralf fand das Buch gelungen. Sein Kompliment ging bei mir runter wie Kettenöl. Aber das ist noch nicht alles. Ralf ist wieder verstärkt im Alltag auf dem Fahrrad unterwegs. Er radelt inzwischen als feste Größe in meinem STADTRADELN-Team mit und ist dort unter dem Künstlernamen *Der Onkel mit dem großen Zeh* zu finden. Außerdem hat er seinen 4,5 m-Diesel-Kombi mit dem Wendekreis eines Öltankers gegen einen kleinen Benziner getauscht. Ein erster Schritt in die richtige Richtung. Das imponiert mir, denn weniger ist mehr: 500 Kilo weniger auf der Straße, weniger Kraftstoffverbrauch, weniger Platzverbrauch, weniger Versicherungskosten, niedrigere Steuer. Für Ralf zahlt es sich aus. Für die Umwelt auch.

Buchstabensuppe, Du verstehst schon!

2. Ein Blick in das Reallabor der Familie Vortmann:

Sobald sich die vierköpfige Familie Vortmann morgens aus dem Bett schwingt, sind wir bereits das erste Mal am Tag zu Fuß unterwegs. Das werden wir über den Tag noch oft sein. So oft, dass es für uns so eine Art Routine ist. Und Routine fällt einem halt nicht auf.

Meine Töchter Merle (17) und Marieke (13) werfen – sobald um 6.15 Uhr ihr Wecker klingelt und sie mir nach meinem schräg gesungenen Morgengruß die Kopfkissen um die Ohren gehauen haben – erst mal einen Blick aus dem Fenster. Regnet es? Geht die Welt unter? Ist es der *Nieselregen des Grauens*, der uns Zuckerwesen zu Pampe verarbeiten wird? Müssen wir schnapp-atmend an roten Fahrradampeln verharren, während unsere Klassenkamerad:innen uns in Elterntaxis – wie auf der grünen Welle surfend – überholen? Im Winter beheizt, im Sommer gekühlt, jedoch ganzjährig PS-stark. Und müssen wir nach einem gefühlten Drittel des Iron-Man wie immer ausgerechnet dann an der Schule ankommen, wenn die Limousinen unserer Mitschüler:innen-Eltern vor der Lernanstalt *Wenden in 77-Zügen* üben?

Ich bin ungerecht. Meine Töchter haben es wirklich nicht leicht und ich bin stolz auf sie. Denn sie müssen rund fünf Kilometer mit dem Fahrrad zur Schule fahren; das ist vor allem bei miesem Wetter und in der dunklen Jahreszeit unangenehm, aber leider unvermeidbar. Schließlich können wir sie nicht jeden Morgen mit dem Auto zur Schule bringen. Früher fuhren sie mit dem Schulbus, der die Kinder in den Außenbereichen der Stadt abgeholt und mittags sicher heimgebracht hat. Leider wurde er vor einigen Jahren aus Kostengründen von der Stadt ersatzlos gestrichen. Sollen die Kids doch mit dem öffentlichen Bus fahren!, hieß es. Jetzt muss man wissen, dass wir am vermutlich schönsten *Arsch der Welt* wohnen. Im Grünen zwischen Münsterland und Ruhrgebiet. Und das gerne. Unser

Ende
H
Leusheider Weg

Fachwerkhaus haben wir jahrelang aufwendig ökologisch saniert, direkt vor der Tür an der Landstraße eine Bushaltestelle – was willst Du mehr?! Das ist *Luxus pur!*, wie mein Nachbar Ralf sagen würde. Nicht *Luxus pur!* ist dagegen, wenn dir plötzlich vom Nahverkehrsunternehmen die Bushaltestelle abgesägt wird.

Nur so zum Verständnis: Unsere mobilen Rahmenbedingungen haben sich in den vergangenen Jahren verschlechtert. Aber wir können unser Haus nicht mal eben so einpacken und mit ihm in die Stadt umziehen. Kein Wunder also, dass meine Grazien morgens ein wenig gereizt sind. Und das hängt zum Glück nicht allein mit meinem Morgengesang zusammen! Aber grundsätzlich lieben sie das Radfahren und unser Zuhause. Radfahren ist für meine Töchter die einzige Möglichkeit, selbstständig und selbstbestimmt unterwegs zu sein. Wenn meine Kids beim Blick aus dem Fenster sehen, dass es trocken ist, ist der Tag gerettet.

Vor unserem Haus steht unser Auto.

Bis vor ein paar Jahren waren es sogar zwei, aber wir haben eines abgegeben und es klappt irgendwie, erfordert aber Planung. Für manche Strecken brauchen wir den Wagen unbedingt und vor allem im Winter sind wir megadankbar, dass wir die Blechkiste haben. Alles andere erledigen wir mit dem Fahrrad und unserem Lastenrad.

Meine Frau arbeitet Teilzeit in der rund zehn Kilometer entfernten Bank. Als ihr Arbeitgeber das Dienstrad-Leasing einführte, holte Nicole sich elektrische Unterstützung und ist seitdem fast nur noch mit dem *Pedelec* unterwegs.

Ich arbeite im rund 70 Kilometer entfernten Düsseldorf, teilweise im Homeoffice und bei Bedarf auch im Zug oder auf einer Parkbank unterwegs. Seit ich in Düsseldorf tätig bin, habe ich erst ein einziges Mal das Auto genommen. Die Fahrzeit betrug inklusive Parkplatzsuche 80 Minuten. Sollten die Straßen frei sein – und bei sportlicher Fahrweise – könnte ich sicher auch auf 60 Minuten verkürzen. Ich möchte aber klimaschonend und entspannt unterwegs sein und habe mich daher für einen Mix verschiedener Verkehrsträger entschieden: Fahrrad und Pedelec, Bus und Zug - und das letzte Stück laufe ich. Mein Arbeitsweg dauert meist 115 Minuten. Mal von Verspätungen der Züge abgesehen ;)

So sieht mein Arbeitsweg aus:

Oft breche ich um kurz vor 6 Uhr mit dem Fahrrad zur Bushaltestelle auf, die anderthalb Kilometer entfernt ist. Dort nehme ich den Bus Richtung Recklinghausen HBF, wo ich um 6:45 Uhr eintreffe. Um 6:55 Uhr fährt mein Zug (Regionalexpress RE 2) nach Düsseldorf. Geplante Ankunft um 7:50. Von dort laufe ich nur noch drei Minuten zu Fuß ins Büro.

Das klingt umständlich und lange. Die Fahrtzeit unterscheidet sich aber in Relation zu meinem früheren Arbeitsweg kaum. Und dieser Weg war nicht mal halb so lang! Für 28 Kilometer nach Essen habe ich in den vergangenen zwei Jahrzehnten Jahren morgens im Berufsverkehr oft mehr als eine Stunde benötigt. Gerade im Winter oder bei schlechter Witterung waren es auch schon mal 90 Minuten. Ich liebte die Frühschichten, denn um 4 Uhr morgens kam ich in nur 35 Minuten durch. Auch in den Ferien war es easy. Aber das waren halt nur Ausnahmen.

Deshalb empfinde ich meinen jetzigen Arbeitsweg mit dem Umweltverbund als viel angenehmer.

Bei Distanzen bis 30 Kilometer versuche ich alles mit dem Fahrrad oder in Kombi mit Bus und Bahn zu schaffen. Dabei bin ich keine Sportskanone. *Eher das Gegenteil!*, behaupten meine drei Frauen und sind *retour-kutschig*. Weil die Zugverbindungen im Ruhrgebiet in Ost-West-Richtung relativ gut sind, aber in Nord-Süd-Richtung nicht gerade *Luxus pur!* , musst Du kreativ sein. Fakt ist: Düsseldorf liegt im Süden. Nicht ganz am Mittelmeer, aber die Richtung stimmt, von mir aus gesehen, also vom nördlichen Ruhrgebiet aus. Aber wenn ich morgens um 5.55 Uhr das Haus verlasse, fahre ich ungefähr eine Stunde, bis ich in Wanne-Eickel gefühlt genausoweit von meinem Zielort entfernt bin wie ich es 60 Minuten zuvor an meinem Startpunkt in Marl war. Ich bin daher dazu übergegangen mit dem Fahrrad ins 20 Kilometer entfernte Gelsenkirchen zu radeln, um dann dort erst dem Regionalexpress RE 2

zuzusteigen. Dann bin ich zwar genauso lange unterwegs, habe aber schon eine Stunde Frühsport absolviert.

Insgesamt mache ich alle längeren Strecken mit dem Zug. Auch da ist nicht alles optimal und manche Fahrten sind wegen Ausfällen und Verspätungen Murks, aber die Vorteile überwiegen. Allein schon, weil ich mein Fahrrad mitnehmen kann. Wenn ich Lust habe, fahre ich bei gutem Wetter auch schon mal den Rückweg von Düsseldorf in drei Stunden mit dem Pedelec nach Hause.

Zurück ins Experimentallabor der Familie Vormann:

In der Küche schalte ich morgens als Erstes das Radio an. Es ist schön, meine ehemaligen Radio-Kolleg:innen auf WDR 2 zu hören und sie mir dabei vorzustellen: Sabine, die Vielradlerin, pustet vermutlich gerade in ihren Pott Tee und lächelt. Sie lächelt immer. Das ist schön. Ihr Co-Moderator Fabian, auf der gegenüberliegenden Seite des Sendestudios, schnürt mal wieder die klobigen Wanderstiefel zu, deren Schnürsenkel sich gerne lösen. Dann scrollt er über den Bildschirm des Verkehrsrechners und addiert die Staukilometer zu den längsten Staus in Deutschland an diesem Morgen. Nicht, weil er es so will, sondern weil es so ist. In einer Minute wird er auf Sendung sein. Wir haben also genau eine Minute vor Schnappatmung bei hunderttausenden Berufspendler:innen, die in diesem Moment im Auto sitzen und diese Welle gerade eingeschaltet haben. Das können wir beobachten: Wenige Minuten nach der vollen Stunde und direkt zur halben Stunde senkt sich die Scheibe auf der Lenkerseite vieler Autos und wir sehen auffällig viele Rauchzeichen über den Blechdächern der Fahrzeuge. Könnten wir sie dechiffrieren, kämen dabei vermutlich die Qualm-Botschaften raus, die ich zu einem Comic verarbeitet habe.

Als erfahrener Stausteher geht wohl manchmal meine Fantasie mit mir durch. Aber ich habe in mehr als zwei Jahrzehnten viel Lebenszeit in Staus und zähflüssigem Verkehr verbrannt und hatte genug Zeit zum Nachdenken. Kein Wunder, dass ich den Auslöser meiner eigenen kleinen Verkehrswende deshalb im allmorgendlichen *Stop-and-No-Go!* auf der B224 bei Gladbeck hatte. Was für ein Leidensdruck! Heute tangieren mich die Stau-Meldungen persönlich nicht mehr, weil ich seit meinem Umstieg aufs Rad und die Öffis vor ein paar Jahren nicht ein einziges Mal mehr in einem echten Stau gestanden habe; außer bei unseren Urlaubsreisen an die schleswig-holsteinische Ostseeküste. Aber so richtigen Alltags-Stau: Ihn gibt es nur noch in meinem Erinnerungs-

Museum. Was für eine Steigerung meiner Lebensqualität, denn ich nutze meine Reisezeit nun sinnvoll, lese Zeitung, checke die Mails oder schalte einfach ab. Was haben mich früher diese Alltagsstaus genervt, mir Energie geraubt und mich ständig fragen lassen: Was ist das nur für ein immenser wirtschaftlicher Schaden?!

Natürlich gibt es weiterhin Staus und sie werden immer länger. Jeden Tag! Und ich sehe sie: Die Staus an den selben Stellen wie früher. Denn wenn ich über die Fahrradbrücke in Bochum-Wattenscheid radle, überquere ich manchmal die Blechkarawane auf der A 40. Oder ich rausche mit dem Zug über die Eisenbahnbrücken der A2, A42 und A43 und nehme die stehenden Autos für einen kurzen Moment wahr. Manchmal, wenn der Zug parallel zur Autobahn unterwegs ist, wirkt es schon fast protzig und obszön, so problemlos komme ich voran. Denn wie in einer Mondrakete sitzend, überhole ich das stehende Blech in dem hunderte Menschen eingeschlossen sind. Vor und hinter ihnen Blech. Neben ihnen auch. Oder Stahl: Leitplanken. Das macht aber keinen Unterschied. Sie können weder vor noch zurück. Ich sehe, wie einige der Fahrer:innen oder Kinder auf dem Rücksitz zu mir Richtung Zug blicken. Diese Momente wirken auf mich wie eine zynische Definition von Stillstand. Wenn Du das aus einem fahrenden Zug wahrnimmst, wirkt es so surreal: Du siehst erst dutzende Kilometer Autobahn, auf denen die Autos wie einzelne Farbkleckse auf einer sonst leeren Leinwand wirken. Dann auf einmal kommt der Stau. Sozusagen das Zentrum des Kunstwerks. Auf einem kleinen Stück Leinwand sind alle Farbkleckse konzentriert. Fast überlagern sie sich.

Was wollen die Künstler:innen uns damit sagen?

Doch der Stau gerät schnell aus meinem Blickfeld, weil die Bahnstrecke jetzt eine Kurve macht. Allein durch meine Fortbewegungsgeschwindigkeit scheint der Stau zu schrumpfen. Wie krass muss das aus der anderen Perspektive wirken? Ich erkenne meine eigene Situation von früher wieder. Aber zum Glück bin ich raus!

Ciao, Stau!

3. Was ist STADTRADELN? Was ist Schulradeln?

Ich erinnere mich noch genau, wann ich das erste Mal von STADTRADELN gehört habe. Es war ausgerechnet an einem heißen Tag im Jahr 2015 an meiner damaligen *Lieblingstankstelle* in Gelsenkirchen-Hassel. Ich erwähne dieses Wort nur dieses eine Mal, damit es nicht auch noch in den Duden kommt wie folgende Wortschöpfungen:

- *Autoverlad (*Substantiv, maskulin, schweizerisch - Verladung von Autos)
- *Autocamp* (Substantiv, Neutrum - Campingplatz für Camper mit Auto)
- oder *Autobauerin* (Substantiv, feminin – weibliche Person, die Autos herstellt)

Während ich also meinen Wagen betankte, stritten sich auf der anderen Seite der Zapfsäule zwei Typen so aggressiv über Tankzusätze, dass es mir bis heute in Erinnerung geblieben ist. Dabei war das Streitthema etwa so beknackt wie die Frage, ob *E10* tatsächlich die Benzinschläuche verklebt, wenn man statt Zucker Süßstoff und einen Löffel schaumig geschlagene Butter hinzugibt.

Ich hatte die Fensterscheiben runtergelassen, um wegen der Hitze mal durchzulüften. Während der Benzingestank also in die Sitzpolster zog, ballerte mein Autoradio wie immer so laut, dass auch meine Mitmenschen was davon hatten. Eine nasale Radiostimme informierte alle auf dem Tankstellenareal: „Unsere Schlagzeilen: Gelsenkirchen. Statt radeln hat begonnen. Mehr dazu später in der Sendung."

„Wie, *statt radeln*?"

Ich war verwirrt, denn für mich hatte es sich nach einem Fehler angehört. Es hätte doch korrekt heißen müssen: „ Unsere Schlagzeilen. Gelsenkirchen. Statt zu radeln, nehmen viele Bürger:innen heute... (den Bus, das Auto, die Straßenbahn, ein Schlauchboot, usw.) für ihren Ausflug.

Ich fuhr los und der Moderator würde noch geschlagene 45 Minuten brauchen, um das Rätsel endlich zu lüften. „That's live", wie wir vom Radio mit einer ordentlichen Portion Sendungsbewusstsein sagen. Das Radio hat neben zahlreichen Vorteile leider den Nachteil, dass Du nicht vor- oder zurückspulen kannst. Es sei, denn Du hast die Sendung aufgenommen oder sie wird digital konserviert. Aber ich meine den Moment, in dem es dich gerade interessiert. Bei der Zeitung kannst Du zurückblättern, wenn Du statt „STADTRADELN" vielleicht nur „statt radeln" verstanden hast. Wenn dich hingegen ein Zeitungsartikel auf der Titelseite packt, blätterst Du neugierig weiter. Deine Augen scannen die Texte und Bilder wie ein Info-Staubsauger: die Anzeigen der Autohäuser *SCHLÜRF!* Wurst-Angebote und Veganes *SCHLÜRF!* Und Akku-Schrauber mit Extra-Akku nur heute und so lange der Vorrat reicht. *SCHLÜRF! SCHLÜRF! SCHLÜRF!*

Aber es war Radio. Ich durfte warten.

Leider bin ich ein ungeduldiger Mensch. Es ist für mich unerträglich, wenn an der Pommesbude 17 Leute vor mir in der Schlange stehen und ich bis zum nahen Ende meiner Mittagspause noch nicht mal meine Bestellung aufgeben kann.

Bestimmt habe ich deshalb zusammen mit meinem *Radentscheid*-Team innerhalb von nur vier Wochen – und sogar auf dem Höhepunkt der Coronapandemie – 64 Millionen € für die Fahrradinfrastruktur in meiner Stadt Marl herausgeholt: Weil wir schnell alle Chancen und Risiken analysiert, aber dann nicht lange gelabert, sondern gemacht haben. Anders als der Imbissbudenbesitzer Hendrik. Er macht die annähernd leckersten Pommes im Ruhrgebiet und hat auch nicht einen einzigen Fleck Frittenfett auf der Schürze. Aber er ist soooooooooo langsam! Wenn Du ihn arbeiten siehst, läuft dir nicht das Wasser im Mund, sondern unter den Achseln zusammen. Nicht, dass es falsch verstanden wird: Niemand soll sich überschlagen. Hektik ist ungesund. Doch

- wenn Du eine Verkehrswende starten willst,
- wenn Du Zustände optimieren willst,
- wenn Du wirklich Missstände aufdecken
- und Probleme lösen willst,
- wenn Du Fast Food nicht im Sinne von *fast* Food definierst, dann braucht es mehr als den Pommesmann, der
- jede Fritte einzeln frittiert,
- anschließend gegen das Licht hält („Quali-Kontrolle, Kollege!")
- und in der Pommesschale so akribisch stapelt als ginge es beim Mikado um Leben oder Tod.

Selbst wenn sein gewissenhaftes und konzentriertes Engagement zweifelsohne ein Gewinn für jede Fahrradinitiative und die noch zu startende Verkehrswende wäre: Seine Langsamkeit wäre eher konkraproduktiv. Sie würde vermutlich bewirken, dass in Deutschland wegen des inzwischen gestiegenen Meeresspiegels Pommes, Pizza und Co längst mit Amphibienfahrzeugen ausgeliefert werden müssen, weil es bei den Radwegen einfach zu langsam ging.

Jedenfalls: Das mit dem Radeln im Radio ließ mich nicht los. Dann kam die Werbung und schon der erste Spot klärte mich auf:

GERÄUSCH FAHRRADKLINGEL

FRAUENSTIMME: Heute gehts los! Du wohnst in Bottrop, Gelsenkirchen oder Gladbeck und willst das Klima schützen?

MÄNNERSTIMME: Dann mach mit! Fahr drei Wochen lang mit dem Fahrrad durch die Stadt.

FRAUENSTEIMME: Ersetze dein Auto duch das Fahrrad und vermeide CO_2!

FAHRRADKLINGEL
FRAUENSTIMME: STADTRADELN!
MÄNNERSTIMME: STADTRADELN!
KINDERSTIMMEN: STADTRADELN!
MÄNNERSTIMME: Die Aktion für ein besseres Klima.

Dann lief das Interview mit einem Fahrradbeauftragten aus dem nördlichen Ruhrgebiet. Er erklärte, dass wir zu oft für Ministrecken das Auto nehmen, obwohl wir auf diesen extrem kurzen Strecken genauso schnell mit dem Fahrrad sind. Er erzählt das so verständlich und unterhaltsam, dass ich nicht wegschalten konnte. Er war nicht der *bärtige-mit-erhobenem Zeigefinger-Mann*, sondern der *Ich-erkläre-es-so,-dass-auch-Ludger-es-versteht-Erklärbär.*

Am Ende wusste ich:

Das Thema geht auch mich was an!

Zum ersten Mal begegneten mir diese Zahlen: dass wir Autofahrer:innen die Hälfte der Strecken unter fünf Kilometer mit dem Auto fahren - und sogar ein Viertel der Strecken unter zwei Kilometer. Das klang erschreckend und auch etwas peinlich. Denn ich machte zu dem Zeitpunkt ja noch alles mit dem Auto. Kurze *und* lange Strecken. Ich war gefühlt öfter auf der Überholspur als in mei-

nem Wohnzimmer.

Das Thema mit *diesem* STADTRADELN fand ich so spannend, dass ich es auch meinen Redaktionen beim WDR-Radio anbot, wo ich damals noch arbeitete. Und so begann ich zu recherchieren...

Was ist STADTRADELN?

Dazu telefonierte ich als erstes mit André Muno von der Europäischen Geschäftsstelle des Klima-Bündnis in Frankfurt am Main. Der Verein unterstützt Kommunen, die sich mehr für das Klima einsetzen wollen. Es ist so eine Art Starthilfe - und STADTRADELN ist die Kampagne dazu. Die Kommunen, die dabei mitmachen, suchen sich im Zeitraum zwischen dem 1. Mai und dem 30. September eines Jahres genau die drei Wochen raus, an denen sie die Aktion vor Ort starten wollen. In diesem Aktionszeitraum sind die Bürger:innen aufgerufen möglichst oft das Fahrrad zu nehmen. Die gefahrenen Kilometer tragen sie auf der Internetseite ein oder landen über die STADTRADELN-App, die bei Fahrtantritt gestartet wird, automatisch auf dem Punktekonto. Dabei wird dir unmittelbar angezeigt, wie viel CO_2 du vermieden hast. Womit wir bei der ersten STADTRADELN-Weisheit wären:

Wir sparen nicht CO_2 ein, sondern vermeiden CO_2!!!

Beim STADTRADELN gibt es verschiedene Sonderwettbewerbe. Der Wichtigste und sozusagen die kleine Schwester, ist das *Schulradeln*. Es richtet sich wie der Name schon sagt, an Schüler:innen, Lehrer:innen und Eltern. Wir wären nicht Deutschland, wenn nicht jedes Bundesland seinen eigenen Kopf durchsetzen wollen würde. Daher beteiligen sich leider noch nicht alle 16 Bundesländer daran, sondern erst etwas mehr als eine Handvoll: Bayern, Hessen, Niedersachsen, Nordrhein-Westfalen, Rheinland-Pfalz und das Saarland. (Stand: Mai 2022.)

2008 ging es los

Das Klima-Bündnis gab 2008 zum ersten Mal das Startsignal für das deutschlandweite STADTRADELN". Zuvor hatte die Stadt Nürnberg bereits das *Stadtrad(t)eln* veranstaltet. 2008 gab es dann erstmals kommunenübergreifend auf nationaler Ebene mit abgeändertem und erweitertem Konzept das STADTRADELN. Weil es natürlich nicht reicht, dass nur Familie Vortmann sich überlegt, wie sie möglichst nachhaltig leben kann. Es sollten also möglichst viele Leute mitmachen. Denn Klimaschutz ist eine globale Aufgabe. Und es macht auch noch Spaß. Daher laden viele Kommunen inzwischen auch ihre Partnerstädte zur Teilnahme ein. Die Kampagne gibt es auch in Brasilien, Dänemark, Frankreich, Luxemburg, Rumänien und den USA.

André Muno ist beim Klima-Bündnis der Koordinator für die Kampagne STADTRADELN.

André, was macht das Klima-Bündnis?

Das Klima-Bündnis ist ein gemeinnütziger Verein, der Städte, Gemeinden und Landkreise als Mitglieder hat. Klimaschutz ist unser Vereinsziel. Alles, was wir tun, denkt den Klimaschutz mit. Du kannst also sagen: Wir helfen Kommunen dabei, den Klimaschutz voranzutreiben.

Zum Beispiel mit dem STADTRADELN, über das dieses Buch hier handelt.

Genau. STADTRADELN ist eine Kampagne, um die Kommunen zu befähigen mehr für den Radverkehr zu werben und vor Ort mehr Öffentlichkeitsarbeit zu machen für nachhaltige Mobilität. Das machen wir in Form eines Wettbewerbs, um die Menschen mit Freude ans Fahrradfahren ran zu führen. Wir wollen, dass die Kommunen ihren Willen für mehr nachhaltige Mobilität unterstreichen. Ein positiver Nebeneffekt ist, dass Verwaltung, Politik und Bürgerschaft gemeinsam für ein fahrradfreundliches Klima und eine bessere Fahrradinfrastruktur sorgen können. Beim STADTRADELN geht es deshalb nicht nur um Klimaschutz, sondern auch um aktive Gesundheitsförderung sowie um lebenswerte, zukunftsfähige Kommunen.

Gerade während der Coronapandemie haben wir gesehen, dass total viele Menschen aufs Fahrrad gestiegen sind. Städte wurden leiser und die Luft besser.

Und **Schulradeln**?

Da treten die Schulen in den Bundesländern gegeneinander an und werden bundeslandweit ausgezeichnet. Am Ende schaffen sie aber eine tolle Gemeinschaftsleistung. Beim **Schulradeln** legen wir den Fokus auf Schüler:innen, Eltern und Lehrkräfte. Stichwort "Elterntaxi" - mit dem leider viele direkt quasi direkt bis vor die Klassentür gefahren werden. Und damit sorgen die Eltern vor den Schulen für ein Verkehrschaos sowie Gefahrensituationen, unter dem vor allem die Schüler:innen leiden, die zu Fuß oder mit dem Fahrrad zur Schule kommen. Hier passt **Schulradeln** prima rein. Gerade die

Eltern und Lehrkräfte sind eine entscheidende Zielgruppe und können durch ihre Vorbildfunktion positiven Einflus auf die Kinder nehmen. Denn die Weichen für das eigene Mobilitätsverhalten werden bereits im Kindesalter gestellt.

Leider können aber viele Kinder gar nicht Fahrradfahren, weil sie das aus dem Elternhaus nicht kennen.

Das ist aber wichtig, damit sie selbstbestimmt und selbstständig unterwegs sein können. Als Erwachsene können wir das prima vorleben. Der Weg zur Schule sollte kein Hindernislauf sein, sondern Spaß machen und gesund sein. Dazu braucht es sichere und attraktive Radwege, die zum Radfahren einladen. **Schulradeln** ist dafür ein guter Anfang. Und immer mehr Bundesländer machen mit.

Dann gibts ja noch die Rubrik STADTRADELN-STAR. Was müssen die Leser:innen mitbringen, mal abgesehen von Star Appeal?

(Schmunzelt:) Du musst ernsthaft bereit sein, deinen Wagen drei Wochen lang gegen das Fahrrad einzutauschen und in einem Blog und in der Presse über deine Erfahrungen zu berichten. Wir wissen, dass das STADTRADELN-Star-sein nicht nur Zuckerschlecken ist. Denn sie sind quasi die Chronist:innen der örtlichen Radverkehrsinfrastruktur. Wir legen damit den Finger bewusst in die Wunde und zeigen den Kommunen auf, wo es Probleme gibt. Als Star machst Du deutlich, wie abhängig wir vom Auto sind. Gerade im ländlichen Raum musst du überlegen, geht es überhaupt ohne Auto? Und in vielen Fällen leider nicht. Genau da wollen wir auch ansetzen, dementsprechend müssen die Alternativen dafür geschaffen werden. Viele Leute sagen: Ich würde gerne weniger Autofahren, aber bei uns fährt überhaupt kein Bus. Oder: ich kann mein Fahrrad nicht im Zug mitnehmen. Das decken unsere STADTRADELN-Stars ungeschminkt auf: Dabei hören wir immer wieder, wie erstaunt die Leute sind, wie viele Wege tatsächlich gut und oftmals gar schneller mit dem Fahrrad statt mit dem Auto zurücklegt werden können - und solche Erfahrungen sind natürlich auch Gold wert für das Mobilitätsverhalten nach den drei autofreien Wochen.

Bitte ergänze den Satz: „Mobilität ist…"

… der Schlüssel zum nachhaltigen Klimaschutz. Klimaschutz ist ein sehr facettenreiches Gebiet. Wir müssen in vielen Bereichen ansetzen. Mit dem Fahrrad allein retten wir das Weltklima nicht. Aber das Radfahren und die Mobilität sind wichtige Bausteine. Wir wissen, dass es durchaus sinnvolle Wege gibt, die mit einem Auto zurückgelegt werden können und auch müssen. Aber es gibt eben auch die anderen Autofahrten auf ganz kurzen Strecken, die wir genauso gut oder sogar besser zu Fuß oder mit dem Fahrrad machen können. Wir haben alle eine Verantwortung uns selbst gegenüber und auch gegenüber unseren Kindern und Kindeskindern. Mit STADTRADELN können wir unsere Stadt neu entdecken, unser Mobilitätsverhalten überdenken und so bewusst eine Entscheidung für das jeweils sinnvollste Verkehrsmittel treffen.

Klingt nach einer Verkehrswende. Wie kriegen wir die hin?

Wir müssen von unten Druck erzeugen. Das ist auch der Ansatz beim STADTRADELN. Das müssen auch die Politiker:innen verstehen. Denn oft sind die Bürger:innen schon einen Schritt weiter. Wir sehen es an den vielen Bürgerbegehren für mehr und besseren Radverkehr, die Bürgerentscheide: Wenn die Politiker:innen von uns Rückenwind bekommen und wir ihnen zeigen, dass wir bereit sind für eine nachhaltige Mobilität, dann können wir gemeinsam was bewegen.

Ganz ohne erhobenen Zeigefinger?

Den brauchen wir nicht. Wir wollen positive Akzente setzen. Wir möchten eine menschenfreundliche Stadtplanung und kein:e Politiker:in dieser Welt wird dagegen sprechen. Selbst wenn der Weg dahin lang ist, wird der Druck der Bürger:innen Prozesse auf dem Weg zum Fahrradland Deutschland beschleunigen.

Danke für das Interview, André!

So wirst Du STADTRADELN-STAR

Wenn es dir so richtig ernst ist, solltest Du deine Teilnahme als STADTRADELN-Star in Erwägung ziehen. Bei einem offiziellen Fototermin drückst Du deiner Stadtspitze symbolisch deinen Autoschlüssel in die Hand. Dann wird es für dich ernst und es gibt keine Ausreden mehr! Drei Wochen lang darfst Du keinen Wagen von innen sehen - auch nicht als Beifahrer:in. Ich wusste schon durch einen vorherigen Selbsttest als Radioreporter, was auf mich zukommen würde. Daher waren die 1.120 Kilometer, die ich als STADTRADELN-Star mit dem Fahrrad und Pedelec zwischen Wohnung und Arbeit gefahren bin, keine Überraschung. Sie haben mich in dem bestärkt, was ich schon vorher beschlossen hatte: Das Fahrrad wird ab jetzt viele meiner Wege ersetzen. Und ich habe so tolle Radwege auf schwach befahrenen Nebenrouten, am Kanal entlang oder durch Parks und Wälder gefunden, dass der Großteil meiner Wege entspannt war. Aber es gab auch einige negative Erfahrungen. Unterm Strich habe ich eine Tube Popocreme für meinen sattelgeplagten Hintern verbraucht, aber zweieinhalb Tankfüllungen gespart. Viele Eindrücke und die große Lust auf das Radfahren als Teil meiner Mobilität und die Verkehrswende waren mein Lohn. Was ich alles erlebt habe, kannst Du in meinem Blog nachlesen, den Du im Kapitel „Mein erstes STADTRADELN" findest.

Gewinnkategorien

Beim STADTRADELN gibt es verschiedene Sonderwettbewerbe wie das Schulradeln und RadKultur in Baden-Württemberg. Bei euch vor Ort prämiert ihr die Teilnehmenden und Gewinnerteams mit den meisten Kilometern, wobei auch Sonderkategorien (Ämter / Verwaltungen / Unternehmen / Parteien, etc.) ausgewertet werden. Die erfolgreichsten Kommunen auf Bundesebene bekommen eine Auszeichnung vom Klima-Bündnis. Obwohl auch schon Kommunen aus anderen Teilnehmerländern (z.B. aus Dänemark) prämiert wurden. Gefragt sind die beste Newcomer-Gemeinde, das fahrradaktivste Kommunalparlament und die fahrradaktivste Kommune mit den meisten Radkilometern. Damit es gerecht zugeht, sind die Kategorien nach Stadtgrößenklassen aufgeteilt.

Städte und Gemeinden treten in folgenden Kategorien an

- unter 10.000 Einwohner:innen
- 10.000 - 49.999 Einwohner:innen
- 50.000 - 99.999 Einwohner:innen
- 100.000 - 499.999 Einwohner:innen
- mehr als 500.000 Einwohner:innen

Wenn Du als STADTRADELN-Star mitmachst, hast Du ebenfalls Gewinnchancen. Ich habe für mein Einsatz eine Fahrradtasche mit Kampagnen-Logo gewonnen, die ich seit 2019 täglich nutze. Für mich ist das ein wirklich praktischer Gewinn. Zuvor hatte ich in meinem Leben nicht ganz so viel Gewinnerglück. Ok, mit 18 Jahren bekam ich für einen Text zum Thema „Straßenverkehr" den *Verkehrssicherheitspreis des Bundesverkehrsministers 1988* und einen Scheck über damals 1.000 D-Mark. Als Jugendlicher zog ich

bei einer Geflügelausstellung den Hauptgewinn, der sich als Niete entpuppte: einen wackeligen Eichen-Hocker und ein einbeiniges Huhn, das im Hühnerstall meines Vaters ständig von der Stange fiel. Auch wenn es ein wenig aufgesetzt klingen sollte:

Mein bisher allergrößter Gewinn war meine Entscheidung fürs Fahrrad.

Denn sie hat mein Leben positiv verändert. Sie ist ein Gewinn auch für meine Gesundheit und sogar für meine ganze Stadt, wie ich gleich noch erklären werde. Denn sie wird sich in den nächsten Jahren wandeln zu einer Stadt mit nachhaltiger Mobilität.

Und STADTRADELN war der Auslöser.

Doch zurück zu den Gewinnmöglichkeiten:

Manche Städte überlegen sich eigene Wettbewerbskategorien. Ein Beispiel ist die Bundeshauptstadt Berlin. Sie hat sich mit #BERLINERGESCHICHTE – zum 784. Geburtstag einen individuellen Wettbewerb ausgedacht. Unter allen Teams, die mindestens 784 Kilometer radelten, wurden Tickets für das ganze STADTRADELN-Team für ein Heimspiel des Basketballteams ALBA BERLIN verlost. Welche Wettbewerb-Ideen bieten sich für eure Gemeinde oder Stadt an? Macht die Teilnahme noch interessanter. Es muss ja nicht gerade ein Satz neuer Alufelgen sein.

Spitz, sei wachsam! Der örtliche Fahrradhandel hilft bestimmt.

Land gegen Land, Stadt gegen Stadt, Team gegen Team, Du gegen die Anderen. Aber ihr alle zusammen für das Klima!

Beim STADTRADELN misst sich deine Stadt mit anderen Städten vergleichbarer Größe, die ebenfalls mitmachen. Dein Team tritt gegen die anderen Teams in eurem Ort an. Und du gegen die anderen Radfahrenden in deinem Team. Ihr könnt sogar Unterteams gründen. So erhöht ihr zum Beispiel in Schulen den Wettbewerb, da dann verschiedene Klassen gegeneinander antreten. Das ist klasse für Firmen mit verschiedenen Abteilungen oder für Vereine, wenn das Hockeyteam gegen die Basketballfreaks auf den

Sattel steigt. Aber am Ende kommt es auf eure Gemeinschaftsleistung an, denn beim Klimaschutz gehts nur miteinander. Darum ist es auch so wichtig, dass Menschen aller Altersgruppen mitradeln und ihre eigenen Erfahrungen einbringen: Denn vor allem Kinder und ältere Menschen haben Mobilitätsbedürfnisse, die leider bei uns oft zu kurz kommen. Du brauchst dich in einer Straße mit parkenden Autos nur hinzuknien und schon erlebst Du die Straße aus dem Blickwinkel der Kinder. Kannst Du über die Motorhauben blicken? Erkennen dich die anderen Verkehrsteilnehmenden beim Abbiegen? Wie ist die Luft da unten? Sicher kein *Luxus pur!*, oder? Probiere es aus und versetzte dich in die Lage der Kinder und Menschen im Rollstuhl.

Auch die Bedürfnisse der Menschen, die zu Fuß gehen oder die mit dem Fahrrad unterwegs sind, kommen bei uns in Deutschland zu kurz. Warum das so ist, darüber werden wir an anderer Stelle einiges hören. Tatsache ist, dass das Auto in unseren Städten allgegenwärtig ist. Die Städte scheinen für das Auto gemacht, nicht für die Menschen. Wer mit dem Auto von A nach B gelangen möchte, schafft das in den meisten Fällen auch problemlos. Wer mit dem Fahrrad unterwegs ist, stößt schnell an Grenzen. Weil unsere Städte autogerecht sind und sich bis heute überwiegend auf die Bedürfnisse der Autofahrenden ausrichten, nutzen viele von uns das Auto.

Deine Argumente: Radfahren…

- ist gesund
- ist auf Kurzstrecken oft die schnellere Wahl
- schont das Klima (Laut Umweltbundesamt können Berufspendler, die das Auto stehen lassen und mit dem Fahrrad zur Arbeit fahren, im Jahr den Ausstoß von 300 kg CO_2 vermeiden.)
- spart Platz (Auf der Fläche eines PKW können bis zu zehn Fahrräder abgestellt werden.)
- ist leise (es sei denn, es quietscht was. Dann bitte ölen!)

- ist günstiger als ein Auto (selbst die Ladung eines E-Bike/Pedelec-Akkus kostet nur ein paar Cent.)
- liegt im Trend

STADTRADELN verbessert Infrastruktur

STADTRADELN wirbt nicht nur für das Radfahren, sondern fordert die Kommunen: Zum Beispiel, dass der Anteil der Radfahrenden sich durch Maßnahmen wie Öffentlichkeitsarbeit und bauliche Maßnahmen Jahr für Jahr erhöht.

Dazu kann die STADTRADELN-App beitragen. Denn die darüber getrackten Daten werden wissenschaftlich aufbereitet und können deiner Stadt über das RiDE-Portal anonymisiert wichtige Informationen liefern. Wenn deine Stadt diesen Service nutzt, erfahren die Stadtplaner:innen wo im Stadtgebiet wie viele Radfahrende wie oft und mit welcher Geschwindigkeit unterwegs sind. Bremsen wir also an einer bestimmten Stelle scheinbar grundlos ab, können sie sich diese Ecke genauer ansehen.

Zusätzlich können Städte die Meldeplattform *RADar!* nutzen. Über dieses Tool und weitere app- und webbasierte Meldemöglich-

Schon gewusst

In Deutschland legen wir etwa die Hälfte der Strecken unter fünf Kilometer mit dem Auto zurück und ein Viertel der Strecken, die kürzer sind als zwei Kilometer. Das ist laut Umweltbundesamt keine gute Idee, weil der Motor im kalten Zustand überproportional viel Kraftstoff verbraucht. Das ist nicht nur schlecht für die Umwelt und die Gesundheit, sondern auch für dein Portemonnaie. Dabei könnte das Fahrrad auf solchen Kurzstrecken seine Stärken ausspielen. Und genau deswegen macht es Sinn, STADTRADELN auszuprobieren. Keine Lust, beim Wettbewerb mitzumachen? Kein Problem! Dann steig doch losgelöst davon mal wieder aufs Fahrrad!

keiten melden die Teilnehmenden Hindernisse und Gefahrenstellen wie zum Beispiel eine unübersichtliche Verkehrsführung oder Schlaglöcher. Diese Knackpunkte liefern Informationen aus erster Hand und können bei der örtlichen Verkehrsplanung ausgewertet und Mängel direkt bearbeitet werden. Über diese Funktion habe ich schon mehrfach Gefahrenstellen gemeldet. Zum Beispiel eine abgebrochene Metallstange in Castrop-Rauxel, die mehrere Zentimeter aus dem Radweg ragte. Die habe ich sicherheitshalber auch sofort der Polizei gemeldet, weil es schon dämmerte und die Stelle nicht beleuchtet war.

Du hilfst also als Teilnehmende:r beim STADTRADELN mit und trägst zur Verbesserung deiner Radinfrastruktur bei. Angst vor Datenklau brauchst Du nicht zu haben, denn die von dir gefahrenen Strecken werden anonymisiert ausgewertet.

Ich - das mir unbekannte Mobilitätswesen

Ich frage mich seit meiner Kindheit, warum das Zelt der Wahrsagerin auf der Kirmes bis heute das am besten besuchteste Fahrgeschäft ist. Vermutlich ist es günstiger, sich aus der Hand, dem Kaffeesatz oder sonst wie die Zukunft vorhersagen zu lassen als sich eine eigene Glaskugel zuzulegen. Ich habe mir angewöhnt, mir nicht von anderen sagen zu lassen wer ich bin. STADTRADELN hilft dir dabei. Denn Du kannst bei dem Wettbewerb dein eigenes Mobilitätsverhalten hinterfragen und andere Menschen zum Mitmachen motivieren. Klar, werden Gewinner:innen gesucht. Aber am Ende gewinnen alle. Obwohl ihr gegeneinander antretet, habt ihr doch ein gemeinsames Ziel: CO_2 vermeiden, das Klima schützen, Spaß haben und eine fahrradfreundliche Infrastruktur hinkriegen.

Wenn möglichst viele in deiner Stadt am STADTRADELN teilnehmen, wächst die Aufmerksamkeit für das Thema in deiner Kommune. Denn es ist immer besser, etwas persönlich zu erleben als es erzählt zu bekommen.

Was bedeutetet das konkret?

Wenn sich auch Politiker:innen mit eigenen Teams am STADTRADELN beteiligen, ist der Wettbewerbsgeist geweckt. Ich stelle mir das so vor, dass so eine Art *Wahlkampfmodus* gestartet wird. Wäre ich Politiker, würde ich vermutlich folgende Gedanken haben:

- „Was macht die politische Konkurrenz?"
- „Mhm, gar nicht so doof, wenn ich mich für die Sicherheit der radfahrenden Kinder und Senior:innen einsetze."
- „Und etwas Klimaschutz wäre ja sicher auch nicht schlecht."
- „Upsi, stimmt, viele, die ein Auto haben, fahren auch Fahrrad."
- „Menno, ich dachte, es geht nur um Radtouren am Wochenende. Aber es geht ja um Radfahren im Alltag. Hatte ich voll unterschätzt...

STADTRADELN weitet unser Blickfeld:

Denn wenn wir *Verkehr* nicht nur aus der Windschutzscheibenperspektive wahrnehmen, sind wir plötzlich *außerhalb* dieses Stahlkokons, der uns bislang vor der Außenwelt geschützt hat. Studien besagen, dass viele Menschen sich in großen Autos mit erhöhter Sitzposition sicherer fühlen. Doch wäre es nicht sinnvoll, den Straßenverkehr an sich sicherer zu machen, als uns mit tonnenschweren Fahrzeugen zu bewaffnen, die immer noch mit viel zu hoher Geschwindigkeit in der Stadt unterwegs sind? 14 Meter pro Sekunde bei einer Regelgeschwindigkeit von 50 km/h!

Mag sein, dass sich manche von uns darin geborgen fühlen und beschützt wie einst im Körper unserer Mutter. Doch was außer uns selbst und anderen tonnenschweren Stahlungetümen mit für das Stadtleben viel zu hoher Geschwindigkeit könnte uns gefährlich werden? Spielende Kinder? Radfahrende oder Zufußgehende? Vom Obststand an der Ecke auf uns zu rollende Wassermelonen-Tsunamis? Tollwütige autoblechfressende Zombies und bösartige Killer-Nashöner auf Ecstasy sind seit der letzten Reform der Straßenverkehrsordnung (StVO) ja verboten.

Vielleicht schützt uns die Stahlkarosserie gegen den Regen, Hagel oder eine vom Baum fallende Nuss. Mit etwas Glück auch vor etwas weicherem, das Vögel gerne mal fallen lassen. Daher empfinde ich Autos, die den Großteil des Tages funktionslos öffentlichen Raum blockieren, auch eher wie futuristische Kunstwerke in weiß, grün, blau oder irgendwie-metallic. Allerdings haben diese zweifelhaften Exponate keinen Sammlerwert, weil es viel zu viele davon gibt.

Doch zurück zu unserem Perspektivwechsel.

Sobald wir die Windschutzscheibensicht verlassen, sind wir ungeschützte Verkehrsteilnehmer:innen. Wir entschleunigen unsere *Mobilität* und nehmen die Umgebung vom Fahrradsattel aus bewusster wahr. Wenn ich *entschleunigen* sage, meine ich damit nicht Verlangsamung im Sinne von weniger Tempo, denn mit dem Fahrrad komme ich superschnell durch die Stadt, wenn ich nicht gerade durch Bettelampeln, nicht für das Radfahren gedachte Baustellen und Umwege ausgebremst werde. Nein, Radfahren ist für mich überwiegend Entspannung, mal abgesehen von schlechter Fahrradinfrastruktur oder schlechtem Verhalten anderer Verkehrsteilnehmender.

Darum ist es auch so gut, dass Kinder bereits frühzeitig im Lastenrad oder auf einem Kindersitz auf einem Fahrrad mitgenommen werden. So erleben sie Fortbewegung als aktiven Prozess. Sie verstehen, wie Geschwindigkeit entsteht. Anders als im Auto, das unverstehbar für ein Kind beschleunigt und die Geschwindigkeit nicht fühlbar macht, ist die Fahrt mit dem Fahrrad wie eine Reise und Mobilitäts-Verstehen pur. Losfahren, beschleunigen und bremsen erleben die Kinder bewusst mit. Sie sehen, wohin sie fahren. Nicht vom Rücksitz eines tonnenschweren Fahrzeugs aus - isoliert von der Außenwelt. Nein! Sie nehmen den Verkehr aktiv wahr, denn sie hören die Geräusche des Straßenverkehrs. Sie sind nicht durch eine getönte Glasscheibe von der Verkehrsrealität da draußen getrennt, sondern spüren den Wind im Gesicht und im Haar. Sie fühlen den Regen auf der Haut und schmecken ihn auch. Sie erleben die Kälte oder die Hitze - ohne Klimaanlage. Sie begreifen auch, was gefährlich ist und was nicht. Sie machen erste Erfahrungen zum Thema

Sicherheit:

- Was macht Spaß?
- Was macht mir Angst?
- Wie sieht eigentlich mein Weg aus?
- Wie sieht meine Stadt aus?
- War der Weg schön?
- Warum ist der Weg so kaputt?
- Warum tut mir der Rücken weh, wenn Papa oder Mama mit dem Fahrrad durch die Schlaglöcher fahren?
- Warum gibt es überhaupt so viele Schlaglöcher?
- Warum werden die Radwege nicht repariert?

Es ist die wunderbare Zeit der Fragen und Gedankenspiele: Was würde ich eigentlich als erstes tun, wenn ich Bürgermeister:in oder König:in wäre? Würde ich die Fahrradampeln für immer auf Grün schalten? Vermutlich würden unsere Kinder kostenlose Gummibärchen-Ausgabestellen an jeder Ampel installieren, an denen sie ihre Butterbrotdose für den Kindergarten und die Schule nach Herzenslust nachfüllen können. Natürlich würden wir als Eltern sie ergänzen durch Cerealien und akkurat im rechten Winkel geschnittene Karotten- und Gurkenscheiben sowie Apfelachtel in sauer und

Weintrauben in süß.

Das wäre ein Traum!

Denn wir könnten die Wartezeiten an Fahrradampeln durch Trauben- und Apfelkernweitspuck-Wettbewerbe verkürzen - zweifelsfrei ein zusätzlicher Pluspunkt fürs Radfahren.

Im Ernst: Sobald wir auf dem Fahrrad als ungeschützte Verkehrsteilnehmende unterwegs sind, erkennen wir die Schwachpunkte unserer Fahrrad- und Gehweginfrastruktur. Wir sehen, wo Radwege fehlen, wo sie zu schmal sind oder kaputt und wo zum Beispiel Falschparker:innen auf Radwegen stehen. Das alles macht Radfahren stressig und nimmt uns den Spaß. Wenn die Politik diese Knackpunkte durch eigenes Erleben beim STADTRADELN vom Fahrradsattel aus wahrnimmt, ist ein wichtiges Ziel erreicht.

Perspektivwechsel ist die große Chance

Dieser Perspektivwechsel für drei Wochen ist ein Geschenk, das nichts kostet. Für alle Teilnehmenden, doch besonders für Eltern und Lehrer:innen, den sie haben Vorbilder zu sein. Und auch Lokalpolitiker:innen bekommen durch das STADTRADELN einen Grundkurs in Stadtgestaltung. Und sie sind es ja, die über die Infrastruktur deiner Stadt entscheiden. Daher sollten gerade sie eure Stadt nicht nur aus dem Innenraum eines tonnenschweren Fahrzeugs aus Stahl kennen. Wenn Politiker:innen beim STADTRADELN eigene Erfahrungen sammeln, ist das ein wesentlicher Schritt auf dem Weg zu einer Verkehrspolitik mit offenen Augen. Manche sagen: Offene Augen kann ich als Verkehrspolitiker:in auch haben, wenn ich am Steuer eines Autos sitze. Das stimmt nicht, denn Du kannst unmöglich aus dem Innern eines fahrenden Pkw bei einer Regelgeschwindigkeit von 50 km/h die Qualität und Breite eines Geh- und Radwegs beurteilen. Niemand würde auch ernsthaft behaupten, aus einem fahrenden Auto heraus die Frische von Obst und Gemüse eines Ladens an der Straßenecke beurteilen zu können. Dazu würden wir die Ware gerne sehen, sie betasten und vermutlich auch daran riechen wollen. Perfekt wäre es, wenn wir ein Stück probieren könnten. Ich habe das Beispiel genannt, weil ich Politiker:innen in meiner Stadt kenne, die kaputte und schmale Radwege für gut bewerten, weil sie sie nach eigenen Worten beim Vorbeifahren aus dem Auto „in Augenschein" genommen haben wollen. Beim gemeinsamen Ortstermin auf dem Fahrrad beim STADTRADELN änderte sich die Meinung dieser Politiker:innen. Sie haben die Fehleinschätzung eingeräumt und wir haben dann gemeinsam darüber gelacht. Wir verstehen uns seitdem sehr gut!

STADTRADELN – Wir werden immer mehr

804.077.

Sieht aus wie eine Telefonnummer und vermutlich würde auch jemand rangehen, aber wir probieren es besser nicht aus. Es ist die Zahl der Menschen, die sich 2021 am STADTRADELN beteiligt haben. Das ist eine unglaubliche Menge, denn das Projekt gibt es erst seit 2008. Ich reibe mir jedes Jahr die Augen, wenn ich sehe, welchen neuen großen Sprung wir beim Wettbewerb machen.

2.172 Kommunen waren es insgesamt in 2021. Nicht nur in Deutschland. Auch Städte in Dänemark, Frankreich, Luxemburg, Rumänien und den USA haben mitgemacht. Das war der neueste Rekord. Und das sollte uns angesichts der schlechten Nachrichten des Weltklimarats IPCC hoffnungsfroh stimmen. Denn all diese Menschen haben drei Wochen lang das Fahrrad so oft wie möglich als alternatives Fortbewegungsmittel genutzt.

„Aha! Sollen jetzt alle Fahrrad fahren, um die Welt zu retten? Dein Ernst?

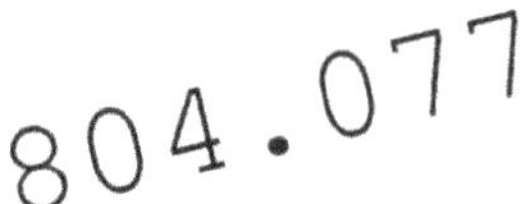

Nicht ganz. Zwar ist der Verkehrssektor nicht der größte Treiber beim klimaschädlichen CO_2, aber er ist der Bereich in dem sich in den vergangenen Jahren viel zu wenig getan hat. Dabei gibt es spannende Zahlen, wie wir auf den folgenden Seiten noch sehen werden.

Wer sich beim STADTRADELN beteiligt oder im Alltag bewusst das Rad nimmt statt den Wagen, hat den Ernst der Lage begriffen und handelt in vielen Lebensbereichen so wie wir es für ein nachhaltiges Leben für verantwortbar halten. Dabei schränkt es nicht unser Leben ein, sondern eröffnet neue Chancen. Das ist schwer zu glauben, wenn wir es noch nicht selbst erlebt haben und nur erzählt bekommen. Mir ging es genauso. Darum bezeichne ich den Wettbewerb ja auch als den bedeutendsten Anstupser um klimafreundliche Mobilität zu erleben. Es ist ein wenig wie beim Erlernen des Fahrradfahrens. Erinnere dich an den Moment als Du vielleicht von deinen Eltern, Großeltern oder deinen großen Geschwistern sicher gehalten wurdest und nach unzähligen Stürzen und aufgeschlagenen Beinen plötzlich aus eigener Kraft mit dem Fahrrad unterwegs warst. Und Du hast gar nicht gefühlt, dass die sichere Hand an deiner Schulter gar nicht mehr da war. Denn sie war noch da. Im übertragenen Sinne. Denn all das Vertrauen und das Mut zusprechen der scheinbar nie enden wollenden Fahrübungen waren nun der Antrieb für deine selbstständige und selbstbewusste Mobilität. Ok, vielleicht hast du dich vor Schreck sofort wieder langgelegt. Aber Du wusstest, dass Du es kannst. Und Du wolltest es jetzt allein schaffe. Ohne die Hand an der Schulter. Vielleicht mit einem nur noch kleinen Anstupser. Und so wurde das Radfahren nach Jahren der Pause wieder ein Teil von mir. Diese Erfahrung hat so viel Kraft in sich und sie kann so viele positive Gefühle wachküssen, dass ich es allen nur empfehlen kann.

Entdeckt das Radfahren für euch ganz neu!

3.555 Erdumrundungen

Das große Potenzial wird allen Teilnehmenden klar, wenn sie am Ende des Tages sehen, wie viele Autokilometer sie bei Alltagsfahrten mit dem Rad ersetzt haben.

2021 legten wir in den sechs Monaten zwischen Mai und September gigantische 160 Millionen Kilometer mit dem Fahrrad zurück; das entspricht nach meiner Berechnung etwa 3.555 Erdumrundungen aus eigener Körperkraft.

Dass dabei mehr als 23.000 Tonnen CO2 im Vergleich zur Autofahrt vermieden wurden, ist die Nachricht auf die alle Teilnehmenden stolz sein können. Insofern gehen alle beteiligten Städte und Kreise mit gutem Beispiel voran. Ich freue mich besonders, dass *mein* Kreis Recklinghausen 2021 als bester Newcomer bei der Zahl der mitradelnden Parlamentarier:innen und bei der Zahl der Fahrradkilometer ausgezeichnet wurde.

Kriegst Du das auch hin? *Finde es heraus!*

4. Deine Rolle bei der Verkehrswende

Als Lokalpolitiker:in solltest Du die Fahrradinfrastruktur deiner Stadt analysieren. Klingt wissenschaftlich. Keine Sorge, ist es nicht: Du brauchst nämlich nur Block und Stift sowie ein Smartphone oder Handy. Und natürlich: dein Fahrrad. Durch deine Teilnahme am STADTRADELN verbreiterst Du deinen Erfahrungsschatz. So entwickelst Du Verständnis für die Bedürfnisse *aller* Verkehrsteilnehmenden. Wir ordnen diesen Input ein und nutzen ihn für unsere politische Arbeit. Damit beeinflussen wir die Entwicklung unserer Stadt – hin zu mehr Lebensqualität und nachhaltiger Mobilität – gemeinsam mit den anderen Fraktionen, Verwaltung und Bürgerschaft.

Als Lehrer:in trägst Du das Thema ins Kollegium und in die Schulleitung. So stoßt ihr Mobilitätsbildung und Verkehrsprojekte an. Was ihr konkret machen könnt, dazu mehr in *deinem* Kapitel, das ich für Schulen geschrieben habe. Vorab: Im Umfeld eurer Schule könnt ihr vermurkste Geh- und Radwege dokumentieren (z.B. mit Mal-, Foto- oder sonstigen Kunstaktionen), Missstände öffentlich machen und sie mit Eltern, Verwaltung und Politik beheben. Dein Ziel: Es wird besser als es jetzt ist. Zeitprognose: Es geht schneller als Du denkst.

Als Eltern versuchen wir gemeinsam mit unseren Kindern den Schulweg und viele andere Alltagsstrecken, statt wie bisher mit dem Auto, so oft wie möglich mit dem Fahrrad zu fahren. Dazu nutzen wir vorhandene Schulwegpläne, sofern es sie schon gibt und verhalten uns vorbildlich. Sollte der Zustand der Radwege dagegen sprechen, thematisieren wir das mit Schule, Vereinen, Verwaltung und Politik. Gemeinsam suchen wir nach Lösungen.

Als Teilnehmende nutzen wir die Chance und verlassen die

Windschutzscheibenperspektive möglichst oft. Stattdessen steigen wir aufs Fahrrad, nehmen den Bus und die Straßenbahn oder laufen. Fühlst Du dich wie ein Tourist in deiner eigenen Stadt und entdeckst Ecken, die Du so noch nicht kanntest? Dann hast Du den Äquator deiner mobilen Möglichkeiten gerade übertreten und vor dir liegt spannendes Neuland. Willkommen auf deiner eigenen kleinen Reise in die Mobilität von morgen.

Check dein Wissen!

Das Bundes-Klimachutzgesetz

- ☐ schreibt unverbindliche Klimaziele vor und soll dafür sorgen, dass die Emissionen quartalsweise sinken
- ☐ schreibt verbindliche Klimaziele vor und soll dafür sorgen, dass die Emissionen jährlich sinken

Laut Bundesverkehrsministerium könnten wir jährlich 7,5 Millionen Tonnen CO_2 vermeiden, wenn wir bei einem Drittel der Kurzstrecken unter 6 Kilometer das Auto stehen lassen und alternativ

- ☐ das Fahrrad nehmen
- ☐ den Flieger nehmen, aber ohne Koffer, nur mit Handgepäck
- ☐ ein Taxi nehmen
- ☐ alles so lassen wie es ist

Das Bundesumweltamt sagt: “Soll der Energieverbrauch des Verkehrs sinken, muss/müssen...”

- ☐ vor allem die Verkehrsnachfrage sinken oder sich verlangsamen
- ☐ Energieeffiziente Alternativen stärker gefördert werden
- ☐ sich die Verkehrsleistung auf umweltfreundlichere Verkehrsmittel verlagern

5. Mobilität, Klima, Du + ich

"Der Verkehr ist einer der größten Verursacher von Treibhausgasen in Deutschland", schrieb das Umweltbundesamt (UBA) 2021 auf seiner Internetseite. Und das Statistische Bundesamt (Destatis) belegte das mit einer eindrucksvollen blauen Kurve. Es ist eine schmale blaue Linie, die sehr schön beschreibt, wie sich der CO_2-Ausstoß der EU-Länder bei der Verbrennung fossiler Brennstoffe im Verkehrssektor in den vergangenen 30 Jahren entwickelt hat. Während andere Bereiche wie die Haushalte, die Energiewirtschaft, das Verarbeitende Gewerbe und die Bauwirtschaft seit den 1990er Jahren zum Teil erheblich weniger CO^2 ausstießen als noch Jahre zuvor, ist der Verkehr das Sorgenkind des Klimaschutzes. Denn er ist der einzige Sektor, der in den letzten Jahrzehnten seine Treibhausgas-Emissionen nicht gemindert hat.

Nötig: Veränderung unseres Mobilitätsverhaltens

Ok, wir wollen ehrlich sein: die Kurve sank kurzzeitig zu Beginn der Coronapandemie, doch das war dem kurzfristigen Lockdown geschuldet. Was wir aber brauchen, sind bewusste Änderungen unseres Mobilitätsverhaltens. Also den Umstieg aufs Fahrrad, die Bahn, den Bus oder beispielsweise den Tausch unseres Verbrenners gegen ein Elektrofahrzeug. Schon klar, dass E-Autos umstritten sind, weil bei der Produktion des Akkus deutlich mehr CO_2 freigesetzt wird als bei der Produktion von Benzinern oder Diesel-Fahrzeugen. Die Energiebilanz des E-Auto verbessert sich aber dann im Vergleich auf der Straße, heißt es in einer Studie der Universität der Bundeswehr in München[1]. Natürlich abhängig von der Nutzung. Wer sich

1 https://www.unibw.de/home/news/elektrofahrzeuge-weisen-die-beste-co2-bilanz-aus

einen elektrisch betriebenen Pkw kauft, um damit nur einmal die Woche zum Bäcker zu fahren, wirkt auf mich wie ein *Klima-Clown.*

Die Energiewirtschaft konnte ihren CO_2-Ausstoß um rund 38 % senken. Das Umweltbundesamt führt das auf die Stilllegung von Braunkohlekraftwerken zurück. Der deutlich reduzierte CO_2-Ausstoß im Verarbeitendem Gewerbe und Baugewerbe sowie bei den privaten Haushalten in Jahr 2019 zeigt laut UBA den richtigen Weg.

Es ist bedauerlich: Verbesserungen im Klima- und Umweltschutz werden durch den zwischen 1995 und 2017 um 20 % zugenommenen Pkw-Verkehr aufgehoben. Hier passen die Worte meines Nachbarn Heini, der immer davon sprach, dass wir nicht mit dem Hintern abreißen sollten, was wir mit dem Kopf aufgebaut haben. Dieser Vergleich gefällt mir, denn wenn wir mit dem Hintern im Auto sitzen und Streckchen fahren, die laut unseres Kopfes aufgrund ihrer Kürze für das Fahrrad wie gemacht sind, kann Klimaschutz nicht funktionieren. Laut Umweltbundesamt brauchen wir jetzt unser Köpfchen, weil technische Verbesserungen an den Fahrzeugen allein die CO_2-Emissionen nicht senken können. Das erinnert mich immer an den Witz von dem Mann in der Wüste, der

Wusstest Du schon 

„Die Umwelt- und Klimaentlastung im Personenverkehr kann letztlich nicht allein durch technische Verbesserungen am Fahrzeug erreicht werden. Diese Herausforderung kann nur in Kombination mit Maßnahmen wie einer Erhöhung der Verkehrseffizienz, einer sinkenden Verkehrsnachfrage oder einer veränderten Verkehrsmittelwahl gelöst werden. „

Umweltbundesamt.de
abgerufen am 20.04.2022)

kein Wasser mehr hat und bei der verzweifelten Suche in seinem Rucksack nach dem Lebenselixier Wasser seine nagelneuen teuren Laufschuhe findet und auf die Idee kommt, er könnte doch heute mit seinem Marathontraining starten.

Ja, wo fahren sie denn?

Wie sind wir in Deutschland unterwegs? Die Studie „Mobilität in Deutschland“ gilt als eine der wichtigsten Analysen unserer Mobilität. Gerade wird wieder die neueste Befragung für 2023 vorbereitet. Dabei geht es um Fragen *wie viele Fahrräder, Pedelecs, E-Bikes, Mopeds, Motorräder oder Autos haben wir in unseren Haushalten? Nutzen wir Carsharing? Welche öffentlichen Verkehrsmittel bevorzugen wir? Wie lang ist die „Reisezeit“ im Berufsverkehr?*

Ich finde das spannend wie einen guten Krimi.

2017 zeigte sich, dass wir mit deutlichem Abstand vor allem in unserer Freizeit unterwegs sind. In diesem Sektor fallen die meisten Bewegungen an. Erst dann kommen Arbeit, Dienstfahrten, Aus-

bildung, Einkauf und *Begleitung*, womit das Mitfahren in einem Fahrzeug gemeint ist. Nach meiner Einschätzung steckt genau hier auch unser höchstes Potential. Wer Sprit, Geld und Nerven sparen will, sollte als erstes die so genannten Bequemlichkeitsfahrten mit dem motorisierten Individualverkehr durch alternative Verkehrsmittel zu ersetzen.

Ich habe mir dazu eine kleine Vorlage gebastelt, die Du dir von meiner Website laden kannst. Dort findest Du auch andere kleine Gimmicks wie mein *VKGRIMS-Bingo*. Das Kürzel steht für „Verdammt kaputte Geh- und Radwege in meiner Stadt"-Bingo.

Link zu https://www.Stadtradeln-Buch.de

Die Liste ist sicher kein Fall für das Nobelpreiskomitee, aber sie kann helfen. Dabei kannst Du ab heute alle Freizeitfahrten mit dem Auto auflisten und gewinnst so einen Überblick. In unserer Bestandsaufnahme sehen wir wie oft wir unterwegs sind, wie kurz oder lang die Distanzen sind und welche alternativen Verkehrsträger wir nutzen könnten. Zusätzlich habe ich eine Spalte eingebaut, die uns vor Aufgaben stellt. So könnten wir im ersten Schritt – ohne auf das Auto zu verzichten – Fahrten kombinieren oder weitere Leute mitnehmen. In meinem Fall sieht das so aus: Statt Tochter 1 zur Tanzschule (5 km entfernt) zu bringen, zurückzufahren (schon 10 km) und eine Stunde später hinzufahren (15 km) um sie wieder abzuholen (20 km), könnte ich die vorher eingeladenen Getränkekisten

ESSEN
BRAUCHT
MEHR
FAHRRÄDER
UND WENIGER
AUTOS!

umtauschen, neue Getränke holen und in der übrigen Zeit Altpapier und Altglas entsorgen. Damit habe ich die Strecke von 20 km halbiert und fast keinen Zeitverlust, da die Fahrzeit von der Tanzschule nach Hause und wieder zur Tanzschule mehr als eine halbe Stunde dauert. Es gibt aber noch mehr Optimierungspotential: In unserem Fall wird das Nachbarsmädchen von ihren Eltern ebenfalls mit dem Auto zur Tanzschule gebracht, wo die beiden Mäuse die selbe Tanzlehrerin zum Wahnsinn treiben. Wenn wir uns als Eltern mit dem Tanzexpress abwechseln, gewinnen einige von uns Zeit. Außerdem verbrauchen wir weniger Kraftstoff, senken die Kraftstoffkosten, da wir ja unsere Kilometerleistung vierteln. Da wir den Nachbarn aber nicht unser Altglas, das Papier und das Leergut aufs Auge drücken wollen, reicht es sicher, wenn wir alle zwei Wochen diese Aufgaben bei unserer Tanztour erledigen. Vielleicht haben unsere Nachbarn aber selbst Lust an der Kombination solcher Mehrzweck-Fahrten. Sprechen hilft auch in solchen Fällen. Ich persönlich nutze die übrig bleibende Wartezeit bis zum Ende der Tanzstunde immer zum Lesen eines Buchs. Manchmal habe ich das Gefühl, dass ich mehr Wartezeit gebrauchen könnte, weil das so entspannt. Ich empfehle fürs Warten eher Kurzgeschichten ;)

Eng verknüpft: Menschengemachter Klimawandel, Krieg, fossile Energieträger

Die schlechten Nachrichten des Weltklimarats (IPCC) und der Krieg in der Ukraine führten uns ab dem 24. Februar 2022 dramatisch vor Augen, wie zerbrechlich der Frieden in Europa ist und wie abhängig wir uns von fossilen Energieträgern gemacht haben. Politiker:innen sprachen erstmals aus, was viele bislang nur dachten: Deutschland hängt sprichwörtlich am Öl-Tropf des Präsidenten der Russischen Föderation, Wladimir Putin. Wir mussten erkennen, dass wir uns in eine Sackgasse manövriert haben. Bundesfinanzminister Christian Lindner (FDP) brachte diese Tatsache auf den Punkt. In einer außerordentlichen Sitzung des Deutschen

Vor allem in Städten unter 20.000 EW ist die Nutzung des Autos hoch: 83 % sind täglich oder mehrmals die Woche mit dem Pkw unterwegs.

Quelle: Fahrrad-Monitor 2021

Bundestages, die viele auch wegen der Rede von Bundeskanzler Olaf Scholz zur Aufstockung des Militäretats auf 100 Milliarden € als historisch bezeichnen. Am 27. Februar 2022 sagte Bundesfinanzminister Lindner: "Erneuerbare Energien sind Friedensenergien."

Fast zeitgleich zur Kriegsmeldung erschien der Bericht des Weltklimarats IPCC. Er machte klar, dass der menschengemachte Klimawandel noch schneller voranschreitet als bislang angenommen. Angesichts der Schreckensmeldungen aus der Ukraine, die verständlicherweise weltweit alle anderen Meldungen überlagerten, dürften bedauerlicher Weise viele den IPCC-Bericht gar nicht richtig wahrgenommen haben. Wer im Internet danach sucht, findet leider nur wenige gutgemachte Erklärstücke von Journalist:innen, die eher wie Chronist:innen des Weltuntergangs oder wie die sprichwörtlichen einsamen Rufer in der Wüste wirken.

Die Situation ist so surreal. Sie erinnert mich an die Geschichte der drei Eisbären, die sich am Nordpol zum Schlittenfahren treffen und dabei einem der superseltenen *Plinguine* begegnen. Sie ist ein wenig länger; da wir ja das Klima retten wollen, konzentrieren wir uns aber erst mal auf die für dich wichtigeren Informationen, damit Du schnellstens loslegen kannst. Die Story kommt am Ende des Buches. Versprochen! *Pling!*

Innerhalb und außerhalb unseres Einflussbereiches

Viele Menschen weltweit empfinden das Handeln vieler Politiker:innen als zu zögerlich. Es macht sie fassungslos und sie spüren eine Ohnmacht. Doch wir sind nicht ohnmächtig! Während wir bei Kriegen als Einzelne bis auf die Teilnahme an Demonstrationen, Sach- und Geldspenden für die Opfer oder die Aufnahme von Flüchtlingen auf den ersten Blick nicht direkt etwas verändern können, sind wir beim Klimaschutz dazu in der Lage: Viele Menschen erkennen inzwischen, dass unser persönliches Konsumverhalten und ein verantwortungsvoller Umgang mit fossilen Energieträgern doppelt wichtig ist: als Beitrag für den Klimaschutz und zugleich als Statement für den Frieden.

Klima und Frieden: Beide Themen sind miteinander gekoppelt. Wir sehen es zum Beispiel an den hohen Kraftstoffpreisen, von denen vor allem die Menschen und Unternehmen betroffen sind, die auf den Pkw oder Lkw angewiesen sind.

Damit meine ich zum Beispiel die Bürger:innen im ländlichen Raum. Hier gibt es oft keine oder zumindest keine gut getakteten Bus- und Zugverbindungen. Und auch eine einladende Fahrradinfrastruktur besteht häufig nicht. Aus Nordrhein-Westfalen, das sich selbst gerne das *Fahrradland Nr. 1.* nennt, weiß ich, dass hier allein an der Hälfte der Landesstraßen straßenbeglei-

tende Geh- und Radwege fehlen. Eine von mehreren Erklärungen, warum es in Klein- und Großstädten gravierende Unterschiede bei der Nutzung von Auto, ÖPNV und Fahrrad gibt. Nachzulesen in der aktuellen Sinus-Studie Fahrrad Monitor 2021, die das Bundesverkehrsministerium alle zwei Jahre in Auftrag gibt:

83 % der Befragten in Kleinstädten unter 20.000 Einwohner:innen sind danach täglich oder mehrmals die Woche mit dem Auto unterwegs. In Großstädten über 100.000 Einwohner:innen sind es deutlich weniger: 58 %. Hier gibt es bessere Angebote bei Bus und Bahn, die von 36 % der Großstadtbürger:innen genutzt werden. Auf dem Lande ist es nur die Hälfte davon (16 %). Das Fahrrad oder Pedelec wird von 30 % der Befragten auf dem Land täglich oder mehrmals die Woche genutzt. In Großstädten sind es 44 %.

Da nicht alle Menschen in Großstädte umziehen können, wollen und bitte auch nicht sollten, braucht es Investitionen in eine sichere und einladende Fahrradinfrastruktur - in der Stadt und im ländlichen Raum. Wichtig ist zudem ein brauchbares Angebot an Bus- und Bahnverbindungen, die klimaschonende Mobilität innerorts und regional ermöglichen. Denn sonst geht es dir wie Millionen anderen Menschen in Deutschland: Seit ich hier an der Randperipherie des größten Ballungsraums in Europa überwiegend mit dem ÖPNV und meinem Fahrrad unterwegs bin, ist zwar mein Unterwegssein ohne Auto deutlich stressfreier. Doch ohne Auto bist Du schon ziemlich in den Hintern gekniffen, wenn Du nicht wie ich experimentierfreudig, leidensfähig und zu mobilem Arbeiten in Bus und Bahn in der Lage bist. Es kann halt nicht jede:r im ÖPNV mit dem Presslufthammer, OP-Besteck oder mit der Zubereitung unseres täglichen Brots loslegen, auch wenn wir es theoretisch gerne würden.

Link zum *Fahrrad-Monitor Deutschland 2021*

Und dann gibt es noch diese Nervtöter: Wenn Du dein Fahrrad auch in Bus- und Bahn mitnimmst, kennst Du die folgenden Horror-Situationen:

- der Aufzug ist zu klein,
- die Rolltreppe ist im Stufenmodus „eingefroren“,
- die Treppe zum Gleis ist zu voll oder zu hoch,
- der Zug wird kurz vor Abfahrt mal eben auf ein weit entferntes Gleis umgelegt, die Aufzüge sind blockiert und die Völkerwanderung über die *Treppe des Todes* beginnt.

Bundes-Klimachutz-Gesetz:

Das KSG schreibt verbindliche Klimaziele vor und soll dafür sorgen, dass die Emissionen jährlich sinken. Jedes Jahr wird überprüft, wo wir stehen. Um bis 2045 Treibhausgasneutral zu sein, müssen wir auf dem Verkehrssektor die Treibhausgasemissionen auf Null senken.

Trotzdem begegne ich täglich Menschen, die wie ich ganz weit draußen wohnen und trotz aller Widerstände ihre Mobilität verändert haben. Sie tun es für sich. Weil es ihnen wichtig ist. *Obwohl es unbequem ist.* Das sind nicht alle Nerds, sondern Leute wie Du und ich. STADTRADELN ist dafür ein guter Startpunkt. Denn hier registrieren wir, welche Strecken wir im Alltag zurücklegen: Wir erkennen, dass die Tüte Brötchen mit einem zwei Tonnen wiegenden SUV transportiert werden *kann* aber *nicht muss*: denn sie hätte sogar Platz in der Spielzeugschubkarre unserer Kinder. Und dabei schimpfen doch viele über die hohen Spritpreise...

Ann-Kathrin Schneider Bundesgeschäfts-führerin des ADFC – zuständig für die Bereiche Politik und Kommunikation.

Ann-Kathrin Schneider, die Bundesgeschäftsführerin des ADFC: „Bei der aktuellen Debatte um drastisch steigende Benzinpreise wird vergessen, dass viele Autofahrten nicht unbedingt notwendig sind. Die Hälfte aller Autofahrten sind kürzer als fünf Kilometer, ein Viertel sogar kürzer als zwei Kilometer – und viele davon ohne Gepäck oder Mitfahrende. Wir vom ADFC gehen davon aus, dass die meisten der kürzeren Autofahrten mit dem Fahrrad zurückgelegt werden können. Wer eine Fahrt pro Tag auf das Fahrrad verlagert, tut nicht nur dem Geldbeutel etwas Gutes, sondern auch dem Klima und der eigenen Gesundheit."

„Das Straßenverkehrsgesetz muss verkehrswendetauglich reformiert werden!"

Ann-Kathrin Schneider

Der Fahrrad-Club fordert:

- Deutschland muss allen Menschen ein attraktives Mobilitätsangebot machen. Vor allem denen, die das Auto auch mal stehen lassen wollen.
- Schneller Ausbau der Radwegenetze in guter Qualität. Wo es sichere und einladende Radwege gibt, steigen die Menschen eher vom Auto aufs Fahrrad um.
- Das Straßenverkehrsgesetz (StVG) muss "verkehrswendetauglich" reformiert werden. Bürokratische Hürden lähmen die Städte, die gerne mehr für den Radverkehr tun würden. Z.B. *Tempo 30* als Regelgeschwindigkeit in Städten.

Auch Kerstin Haarmann, die Bundesvorsitzende des Verkehrsclub Deutschland (VCD), bezieht eine klare Position:

„Auf unseren Straßen sind so viele Autos unterwegs wie nie zuvor. Die Folge: Lärm, Abgase und Tausende Verkehrstote jedes Jahr. Über Jahrzehnte wurde der Autoverkehr gefördert und unsere Städte entsprechend gestaltet. Klar ist: die Umstellung auf *E-Mobilität* ist ein wichtiger Schritt hin zu weniger Emissionen im Verkehr, löst aber die grundlegenden Probleme nicht. Wir brauchen weniger Autos auf den Straßen und mehr Platz für Menschen. Das Fahrrad nimmt hier eine zentrale Rolle ein, denn Radfahren ist nicht nur umweltfreundlich, günstig und gesund, sondern darüber hinaus besonders platzsparend. Auf einem durchschnittlichen Pkw-Parkplatz von 12qm haben zehn Fahrräder locker Platz. So bleibt in unseren Städten mehr Raum zum Flanieren, Spielen, sowie für Gemeinschaft und Grünflächen. Doch allzu oft ähnelt Radfahren in der Stadt und auf Landstraßen einer Mutprobe. Damit sich das ändert, brauchen wir gut ausgebaute und sichere Radwege, die vom Autoverkehr getrennt sind. Auch *Tempo 30* als Regelgeschwindigkeit innerorts würde die Sicherheit für Radfahrende deutlich erhöhen. Ergänzt werden sollten diese Maßnahmen um sichere und witterungsgeschützte Abstellmöglichkeiten für die Räder. Dann kann das Fahrrad endlich sein volles Potenzial entfalten

Kerstin Haarmann, Bundesvorsitzende des VCD.

„Eine hervorragende Gelegenheit, um Menschen das Fahrrad näher zu bringen."

Kerstin Haarmann über STADTRADELN

Doch wie soll das funktionieren?

Auch indem wir unnötige Autofahrten vermeiden, Kurzstrecken zu Fuß gehen oder als Alternative das Fahrrad oder den Bus nehmen. Mittel- bis langfristig werden wir unser Verhalten grundlegend ändern. Wir werden künftig Verkehrsmittel stärker nutzen ohne sie zu besitzen. So ähnlich funktioniert es ja schon beim ÖPNV. Niemand muss einen eigenen Bus oder eine Lokomotive haben, um damit fahren zu können.

Wenn wir den ÖPNV nutzen und überall in der Stadt und auf dem Land vor unserer Haustür einen bunten Strauß an Sharing-Verkehrsmitteln (Auto, E-Bike, Fahrrad, E-Scooter, etc.) finden, ist der Umstieg leichter. Wir sparen nicht nur Geld, sondern auch Platz. Deshalb werden wir es lieben, künftig anders unterwegs zu sein. Auch wenn viele von uns es sich heute noch nicht vorstellen können. Für dich wird der Übergang fließend sein, denn Du bist längst Teil der mobilen Transformation. Ich stelle es mir vor wie eine Art Mobilitätsevolution, bei der Du sicherheitshalber schon die Kamera mitlaufen lassen musst, um hinterher den Wandel beim Schnellvorlauf zu sehen. Andere werden es eher wie einen Mobilitäts-Tsunami empfinden, weil sie sich einfach nicht drauf einlassen wollen.

Das erinnert mich an die Geschichte des jungen Mannes, der sich abends zum Schlafen legt und als alter Mann eines Morgens aufwacht und glaubt, dass sie ihm seinen Geländewagen geklaut haben. Denn als er aus dem Fenster blickt, sieht er an der Stelle, wo er ihn immer parkt, jetzt einen multifunktionalen Mikrohub mit Sharing-Möglichkeiten für Auto und Fahrrad. Dort können auch verschiedene Lieferdienste Waren von größeren Fahrzeugen auf kleinere umschlagen. Und als der Mann genau hinsieht, sieht er ein kleines Mädchen, das ihn am Fenster entdeckt und lächend ruft: „Guten Morgen Opa, Du hast ja lange geschlafen. Ich habe schon die Brötchen von der Bäckerei geholt. War nur eine Viertelstunde zu Fuß. Wollen wir morgen mal zusammen hinlaufen oder besser mit dem Bus, der Straßenbahn oder dem Sammeltaxi? *Es ist alles da!*“

Szenario 2050

Das Bundesumweltamt geht in seinem Szenario im Jahr 2050 von deutlich weniger Pkw (ca. 150 PkwW pro 1.000 Einwohner:innen in Städten) aus. Zum Vergleich: Im Jahr 2020 waren es dreimal so viele.

Im Gegenzug haben wir ein gut ausgebautes Schienennetz, bei dem wir alle großen Städte in Deutschland stressfrei in maximal vier Stunden erreichen. Dazu hat die Digitalisierung entscheidend beigetragen. So können wir uns viele Wege sparen. Nicht die zu den Menschen, die wir lieben und die wir gerne in die Arme schließen wollen. Ich meine die lästigen Wege zu regelmäßigen Terminen oder Konferenzen, die auch virtuell effektiv sein können. Klimaschädliche unnötige Wege mit dem Verbrenner vermeiden wir so konsequent.

Was sollen wir mit den ganzen freiwerdenden Parkplätzen machen?

Entsprechend sind unsere Straßen in den Städten keine Parkflächen mehr, auf denen die Autos früher bis zu 23 Stunden am Tag ohne Funktion rumstanden, sondern lebenswerte Orte und Parks mit Spielplätzen und Erholungszonen. Alle, die kein Auto mehr haben, nutzen die Garage anders. Vielleicht als Hobbywerkstatt, Tonstudio, Mini-Kegelbahn, Fitness-Parcours oder Partykeller-Ersatz, so die von mir leicht abgewandelte Vision des Bundes-Umweltministeriums in der Broschüre "WIE WIR LEBEN - unser Weg in eine treihausgasneutrale und ressourcensparende Zukunft"

Bundesumwelt-ministerium: Broschüre WIE WIR LEBEN

Dass wir handeln *müssen*, führt uns das Bundesverkehrsministerium seit Jahren vor Augen: 7,5 Millionen Tonnen CO_2 ließen sich in unserem Land vermeiden, wenn wir für ein Drittel der Kurzstrecken unter sechs Kilometer das Auto stehenlassen und alternativ das Fahrrad nehmen. Bei dieser Prognose beruft sich das Ministerium auf die von ihr in Auftrag gegebene Studie *Fahrrad-Monitor*, die ich bereits zitiert habe. Sie ist spannend zu lesen. Selbst Leute, die wie ich mit Mathematik nie was am Hut hatten, werden diese Zahlen lieben. Denn sie sind *lebendige Zahlen*, die richtige Geschichten erzählen. Geschichten über unsere Mobilität.

Wie sie war, wie sie ist und wie sie bereits in den nächsten Jahren sein könnte. Wenn wir etwas dafür tun!

Udo Lutz berichtet aus seinem Alltag als Mobilitätsmanager und Radverkehrskoordinator in Marl:

„Radfahren fängt im Kopf an!“

Udo Lutz

Radfahren ist die natürlichste und älteste technische Fortbewegungsart zu Lande, nachdem die Menschheit laufen gelernt hat. Lange bevor der erste Zug von Nürnberg nach Fürth unterwegs war oder Carl Benz mit seiner motorgetriebenen Droschke die Straßen unsicher machte, waren Menschen schon auf Laufrädern und später auch auf Hochrädern und anderen kuriosen Fahrrädern unterwegs. Radfahren ist gesund, preiswert, verbraucht keinen Brennstoff, erzeugt keine Emissionen und macht vor allem einen riesigen Spaß. Aber Radfahren fängt vor allem auch im Kopf an. Die Entscheidung der Verkehrsmittelwahl muss bewusst vorgenommen werden. Wir alle müssen unseren „inneren Schweinehund“ regelmäßig bekämpfen, der bei regnerischem Wetter vor dem Fahrrad hockt und den Ausgang blockiert. In Marl werden schon fast ein Fünftel aller Wege (19 %) mit dem Fahrrad zurückgelegt. Dennoch benutzt bis zu einer Entfernung von 1 km in Marl ein Drittel der Bevölkerung das Auto (34 %) und bis zu 2,5 km Entfernung sogar schon mehr als die Hälfte der Marlerinnen und Marler (55 %). Wenn es uns gelingt, nur drei Viertel dieser kurzen Wege vom Auto auf das Fahrrad zu verlagern, würde der Radverkehrsanteil von 19 % auf 30 % steigen - fast schon *Kopenhagener Verhältnisse!*

Aber wir alle sind ja auch mit anderen Verkehrsmitteln unterwegs. Wir „vertreten uns gerne Mal die Beine“ oder „führen den Hund Gassi“. Jede Autofahrt und auch jede Bus- oder Zugfahrt beginnt mit einem kurzen Fußweg zum Auto, zur Garage, zur Bushaltestelle oder zum Bahnhof. Aber auch die Fahrt mit dem eigenen PKW ist fest in unserem Mobilitätsmix verankert und eben da notwendig, wo man sinnvollerweise nur mit dem Auto hinkommt. Dies alles „unter einen Hut zu bekommen“ ist die spannende Aufgabe eines Mobilitätsmanagers in einer Kommune. Ich muss vor allem auch darauf zu achten, dass eine gewisse Flächen- und Kostengerechtigkeit zwischen den einzelnen Verkehrsmitteln herrscht. Über allem steht natürlich die Verkehrssicherheit auf allen Wegen und nicht so sehr die Geschwindigkeit, mit der man sein Ziel erreicht. „Sicherheit geht vor Leichtigkeit des Verkehrs“ hat sich mittlerweile als Planungsmaxime durchgesetzt.

Der Fahrradbeauftragte einer Stadt soll dabei die Belange des Fahrradverkehrs besonders in den Fokus nehmen und durch einen umfangreichen Mix an Maßnahmen ein fahrradfreundliches Klima schaffen, das zur Benutzung des Fahrrades einlädt. Die Marler Bevölkerung macht das gerade vor, wie gut und wichtig Fahrradfahren für eine verträgliche Verkehrsabwicklung in unserer Stadt ist und das nicht zuletzt auch durch die Teilnahme an der Aktion STADTRADELN in den vergangenen Jahren. Stetig ist die Anzahl der Teilnehmer:innen, Teams, gefahrenen Kilometer und damit auch Tonnen von eingespartem CO_2 gestiegen. Das macht Mut und Lust aufs Radeln! Von daher wollen wir alle tatkräftig mitwirken, dass 30 % Radverkehrsanteil in Marl nicht zu ehrgeizig ist.

6. Für Teilnehmende

Wenn Du dich auf der Internetseite *www.stadtradeln.de* registrierst, schließt du dich erst mal einem der bestehenden Teams an. Meist gibt es schon das offene Team und die üblichen Verdächtigen, die sich für mehr und bessere Fahrradmobilität vor Ort stark machen. Inzwischen sind vielerorts die Parteien dabei. *Oh!* Du siehst dich aber nicht in einem der schon bestehenden Teams? Weder im Fahrradableger des Kegelclubs "Alle Neune auf dem Rad" oder als Verstärkung für "Latent-Lenkstarke-Lastenrad-Landeier"? Dann gründest Du eben deine eigene Gruppe. Dazu brauchst Du nur einen Namen und klickst weiter. Der Teamname muss natürlich nicht lustig sein, aber es fällt auf, dass viele Teams mit Humor an die Sache gehen.

Damit bist Du jetzt Team-Captain. Wichtig ist nur, dass Du bis zum Ende des Aktionszeitraums mindestens ein weiteres Mitglied findest. Denn sonst wirst Du mit deiner Fahrleistung am Ende dem offenen Team zugeordnet und dein Team gelöscht. Denn Teams sollten wenigstens als Duos unterwegs sein, nicht als Eintänzer:innen. *Denn Klimaschutz ist Teamarbeit!*

Ein Team gründen / Deine Schritte

1. Beim Anmelden ein eigenes Team gründen. Achtung: Dabei musst Du einen Teamnamen angeben. Gleich kommen einige lustige Beispiele, die dich inspirieren werden. Achte darauf, dass Du keine Markenrechte verletzt und keinen Namen nimmst, den es schon in deiner Stadt gibt. Außerdem sollte der Name Leute neugierig machen und sie motivieren in dein Team zu kommen. "Fahrradteam Käsefüße" also vielleicht besser nicht. Wenn Du ein neues Team gründest, bist Du automatisch Teamcoach.

2. Schreib ein paar Sätze über dich und deine Gruppe auf der städtischen STADTRADELN-Seite, wo alle Team-Captains vorgestellt werden. Dazu kannst Du ein Foto von dir einbauen.
3. Lade Leute ein, deinem Team beizutreten. Du kannst dazu den Link zu deinem Team kopieren und ihn per Mail an deine Freunde, Familie, Nachbarn, Arbeitskollegium oder den Verein schicken.
4. Wenn sich neue Mitglieder anmelden, bekommst Du eine Nachricht per E-Mail.
5. Halte die Runde bei Laune und lade sie zu gemeinsamen Touren ein. Motiviere sie und informiere sie über den aktuellen Stand. Es wäre schlecht, wenn Du dich erst *nach* dem Wettbewerb bei den Leuten meldest und alles schon gelaufen ist.

Einen Team-Namen finden

Ich habe bei meiner ersten Teilnahme das Team “Tour de Rennbach” gegründet - benannt nach dem Landschaftsschutzgebiet vor meiner Haustür. Wenn Du einen Namen brauchst, suche einen, der andere motiviert und nicht abschreckt. Statt “Die grimmigen Graupen Gießen” oder “Renitente Rennrad-Rüpel” besser “Stramme Waden München”. Was die Fantasie betrifft, sind die Teilnehmenden sehr kreativ: Waden statt Laden, Team Chaos, Die schnellen Schwarzwaldelche (übrigens aus Hamburg) sind nur einige Beispiele. Witzig finde ich, dass in vielen Städten sogar Promis mitradeln. In Köln lud zum Beispiel die Kölsche Band *Cat Ballou* zum Mitradeln auf.

Meine Top-Ten-Liste lustiger Teamnamen, die ich auf 20 erweitern musste, weil da so viele kuriose Namen waren.

1. Bike Tyson
2. Ritzelkitzel
3. All you can Fahrrad
4. (K)lima-(B)ewusste(V)erkehrsteilnehmer
5. Velofreaks
6. 4 Radler Bitte!
7. Kommt Zeit, kommt Rad
8. Two Tired
9. Team Chaos
10. Die Radler
11. Schmidts Katze
12. Meilenfresser
13. Mit Wasser Stoff geben
14. Die von der högschden Qualidäd
15. Team Wadl-Zwick
16. BikeToBeer
17. BenjaminBierchen
18. Geiler Kuchen & Lasagne
19. Kilometerkiller
20. Stiftung Wadentest

STADTRADELN ist Teamarbeit

Gegen Städte wie Berlin mit seinen mehr als 760 Team können kleine Kommunen nicht anstinken. Müssen sie auch nicht. Denn sie treten im Wettbewerb nur gegen Orte vergleichbarer Einwohnerzahl an.

In meiner Heimatstadt Marl haben wir uns von anfänglich zehn Teams in 2017 auf zuletzt 38 Gruppen in 2021 hochgearbeitet. Dafür haben 526 Leute in die Pedalen getreten. Und auch das ist aus meiner Sicht die Aufgabe aller Stadtradler:innen. Für das Projekt werben, neue Leute motivieren, mitzumachen. Bei uns war anfänglich erst eine Schule dabei, im Folgejahr schon fünf. Das ist ein großer Erfolg. Dass zuletzt erst 20 der 45 Parlamentarier:innen aktiv in die Pedalen getreten haben, ist bedauerlich. Denn alle müssten inzwischen verstanden haben, dass der Radverkehr in unserer Stadt mehr ist als eine nostalgische Radtour am Wochenende - es ist wichtiger Bestandteil unserer Alltagsmobilität.

So habe ich es gemacht

Ich habe als erstes meine Familie und meine Freunde angesprochen, damit sie in mein Team kommen. Da waren wir schon eine Fußballmannschaft, aber das reichte mir noch nicht. Darum entwarf ich Postkarten, um Leute zum Mitmachen zu aktivieren. Das Motiv war einem Ortseingangs- und -ausgangschild nachempfunden und spielte mit der Idee, den Wagen für drei Wochen möglichst stehen zu lassen.

Da bei uns in der Nachbarschaft nur vier Häuser stehen, verteilte ich die Postkarten in der nächsten Siedlung, die etwa anderthalb Kilometer entfernt ist. Das ist übrigens da, wo der Radweg erst anfängt und auch die für uns nächste Bushaltestelle ist.

Auch mit einem schrägen Video, das ich in den Sozialen Medien teilte, buhlten wir um neue Mitglieder. Achtung: Über den QR-Code landet ihr bei Facebook. Der Schauspieler war ein ziemlich abgehalfterter internationaler Promi, den wir für kleine Gage für unser Projekt gewinnen konnten :)

Nicht immer funktioniert Humor, aber probiert es einfach mal aus. Wir wuchsen jedenfalls schnell auf mehr als 80 Teilnehmer:innen an. Dabei habe ich bewusst auch bei den Parteien für die Teilnahme mit eigenen Teams geworben. Ich habe bei kleinen Vorträgen über meine eigenen

Video bei Facebook

Erfahrungen als Alltagsradfahrer berichtet und sie zum Beispiel zur Teilnahme an einer gemeinsamen Radtour unseres Team unter dem Motto „Radverkehr unter der Lupe“ eingeladen. Das war der Anfang unserer Verkehrswende, an deren Ende schon wenige Jahre später die Investition von 64 Millionen Euro in die Radverkehrsinfrastruktur unserer Kommune stand. *Ohne STADTRADELN wäre das nicht möglich gewesen!*

Mein Tipp:
Sprecht die Leute in eurem Verein, Kirchengemeinde oder Firma an, ob ihr nicht gemeinsam an den Start gehen wollt. Aktionen wie STADTRADELN zeigen, dass ihr zusammen was bewegen wollt. Das stärkt das Gemeinschaftsgefühl und motiviert andere Gruppen mit Euch in den Wettbewerb zu treten. Konkurrenz belebt das Geschäft.

So kommt Stimmung in die Bude: Gründet Unterteams!

Wenn ihr zum Beispiel mit einer Schule, einem Verein oder einem Unternehmen beim STADTRADELN an den Start geht, könnt ihr sogar interne Wettbewerbe starten. Gründet Unterteams für Schulklassen oder verschiedene Abteilungen, die sich dann battlen. Zum Beispiel im Team Firma Soundso die drei Unterteams “Crazy Buchhaltung” gegen “Power-Pedale-Pressestelle” und “Kundendienst Wadenkiller” Wenn dann noch „Vertrieb Windschatten bergauf wie bergab“ aus den Strümpfen kommt, kann dieser Teamgeist auch eure künftige Zusammenarbeit bereichern. So tretet ihr zwar intern gegeneinander an, sammelt aber als Hauptteam gemeinsam Kilometer und zeigt den anderen, wie ihr beim Radfahren von hinten ausseht.

Ich freue mich immer besonders, wenn sich meinem Team neue Leute anschließen.

Das ist mir wichtiger als ein Platz auf dem Siegertreppchen. Das klingt schräg, weil ich mit meinen Leuten fast jedes Jahr auf einem der Siegertreppchen gelandet bin. Das macht mich schon stolz, weil wir eben ein bunt gemischter Haufen sind, der überhaupt keine Ambitionen hat sowas wie das Team "Überdrehte Stahlwaden 2022 Plus" zu sein. Wir sind und bleiben das Team „Tour de Rennbach" und geben auf unsere unnachahmliche Art „Gummi."

Bei uns ist jede:r willkommen:

- *Onkel Dieter*, der nur einmal die Woche mit dem Fahrrad fährt und damit unseren Schnitt drückt. Dafür lässt er seinen Wagen stehen und fährt die Strecke mit dem Rad. Und ist stolz wie Oskar.
- *Das Schulkind*, das sich zusammen mit seinen Eltern anmeldet, aber bisher nur Ministrecken fährt. Aber es probiert gemeinsam mit seinen Eltern Wege aus, die es sonst mit dem Auto gefahren wird. Vielleicht lassen sie das Elterntaxi auf dem Weg zur Schule bald ganz weg? Und wer sagt, dass viele kurze Strecken nicht eine lange ergeben? Mit etwas Glück gewinnt diese kleine Familie ja so viel Freude am Radfahren, dass sie künftig öfter mit dem Fahrrad unterwegs ist. Jedenfalls verbringen sie gemeinsam Zeit auf dem Fahrradsattel und lernen den Schulweg neu kennen. Vielleicht suchen sie sich ja auch einen Weg auf Nebenstraßen, die schwach befahren sind. Oder sie entdecken auf dem Schulweg ein paar Knackpunkte, die sie der Schule und der Stadt mitteilen, damit der Radweg sicherer wird. *Das wäre gut für alle Schulkinder!*
- *Unsere Gundel* gehört natürlich auch in unser Team, selbst wenn sie inzwischen nicht mehr täglich ihre 15 Kilometer schafft, sondern im Schnitt fünf Kilometer. Aber Gundel gehört auf jeden Fall dazu - und wir lieben es, sie dabei zu haben. Außerdem sind das mehr als 100 Kilometer, die zu unserem Punktekonto dazu-

kommen. Mit über 80 Jahren zeigt sie uns, wie sich ihre Mobilität Jahr für Jahr verändert. Sie fährt inzwischen weniger Fahrrad, dafür mehr mit dem Auto. Das braucht sie, weil sie am Stadtrand wohnt und keinen Bus vor der Haustür hat. Sie will weiter mobil sein. Auch mit dem Fahrrad. Sie will weiter unter Menschen sein. Sie will eine Stadt, in der junge und alte Menschen gerne unterwegs sind.

DEIN TEAM BEI LAUNE HALTEN

Ich habe mir angewöhnt, mein Team über den Teamchat anzufeuern. Zum Beispiel, um sie an wichtige Termine zu erinnern, wie gemeinsame Touren. Da kommt nicht immer eine Reaktion. Ein Mitradler sagte: „Ich mache bei STADTRADELN mit um Fahrrad zu fahren. Wenn ich was lesen will, kauf' ich mir 'ne Zeitung." Da ist was dran.

Trotzdem bleibe ich hartnäckig: einmal die Woche schicke ich ihnen eine E-Mail. Darin erzähle ich, was gerade wichtig ist und ansteht, denn als Team-Captain bist du die Verbindungsstelle zwischen den Koordinator:innen von STADTRADELN oder Schulradeln und kannst die Infos prima weitergeben.

SO MACHE ICH ES IN MEINEM TEAM

Wann	Was
Frühzeitig vor Beginn	„Altes" Team reaktivieren
Eine Woche vor Beginn	„Nächste Woche gehts los, Leute!" Zur gemeinsamen Teilnahme an städtischer Auftakttour einladen. Fototermin mit Stadtspitze?

Wann	Was
Start	Heute gehts los, Leute!
Ende 1. Woche	Tolles Ergebnis! X Teilnehmende und X Kilometer, schon X- kg CO_2 vermieden. „Super, macht weiter so!!!“
2. Woche	2. Woche geht los
Ende 2. Woche	Bilanz, individuelle Story
Start 3. Woche	Countdown - nur noch eine Woche
Kurz vor Ende 3. Woche	„Jetzt Endspurt, Leute!“
Letzter Tag	„Heute noch mal alles geben!“
Tag nach Wettbewerbsende	Bedanken für Teilnahme, auf Nachmelde-Möglichkeit der noch nicht gemeldeten km hinweisen
Sobald sich Stadt oder Schule meldet	Abschlussveranstaltung mit Foto
Nach Abschlussveranstaltung	Bedanken für Teilnahme, Bitten um Teilnahme im Folgejahr und “Bitte weitersagen!”
Irgendwann später	Schöne Erinnerungen posten

Touren und Veranstaltungen

STADTRADELN macht besonders Spaß, wenn wir neben den Alltagstouren neue Dinge in der Stadt und Umgebung entdecken. Wenn Du was Neues erleben willst, kannst Du dich Touren anderer Teams anschließen, die ja in den meisten Fällen offen für alle sind und sich über Besuch aus anderen Gruppen freuen. Oder sieh mal auf einschlägigen Radtourenseiten wie www.komoot.de oder beim ADFC Radtourenportal *www.touren-termine.adfc.de* nach.

Eigene Touren planen

Wenn Du eigene Touren planen willst, gibt es neben dem bereits erwähnten *Komoot* einige Anbieter wie *BaseCamp. GoogleMaps* bietet auch eine Planung für Radfahrende, wird aber nicht immer den Ansprüchen gerecht, die wir Radfahrende an eine schöne Radstrecke stellen. Navigationsgeräte ermöglichen, dass erstellte GPS-Tracks eingelesen werden können.

Mit spannenden Touren neue Leute ins Team locken

Wenn Du als STADTRADELN-Team-Captain eigene Touren anbieten möchtest, kannst Du damit neue Leute auf dich aufmerksam machen und deine Gruppe vergrößern. Je größer dein Team, desto mehr Kilometer werdet ihr am Ende auf dem Tacho haben. Das Ziel sollte aber nicht erstrangig sein, nur ambitionierte Radfahrende im Team zu haben, um auf jeden Fall auf dem Siegertreppchen zu landen. Denn die sind ja sowieso schon viel mit dem Fahrrad unterwegs. Mach dir zur Aufgabe, möglichst viele Menschen für das STADTRADELN zu motivieren, damit sie die Lust am Radfahren gewinnen und ihr eigenes Mobilitätsverhalten hinterfragen. Im meinem Team fahren Familien mit Kindern mit, weil ich gerade Schulkinder stärken will und mich mit dem Klimaradeln öffentlichkeitswirksam für sichere Radwege vor den Schulen einsetzen kann.

Tipps für Deine STADTRADELN-Touren:

- Berücksichtige die verschiedenen Wünsche und Level deiner Teammitglieder. Ein Kind, das gerade erst das Radfahren gelernt hat, wird keine längere Tour machen können oder die Lust verlieren. Ambitionierte Radfahrende, die sonst mit dem Rennrad die Alpen überqueren, schlafen bei einer fünf Kilometer-Tour vermutlich ein. Radfahrende, die mit elektrischem Rückenwind unterwegs sind, können längere Strecken fahren als Teilnehmende, die mit Muskelkraft unterwegs sind. Berücksichtige immer das Tempo der Schwächsten oder biete Fahrten für unterschiedliche Zielgruppen an. Denn eine Tour, die allen gefällt, funktioniert meist nicht.
- Kommuniziere Länge, Dauer und Schwierigkeitsgrad: Wenn Du zur gemütlichen Picknick-Tour für die ganze Familie einlädst, wissen alle sofort, ob das was für sie ist.
- Guck mal über den Tellerrad! Welche Touren bieten andere Teams an?

Große Städte wie Berlin, München, Hamburg oder Frankfurt haben eine unüberschaubare Zahl von Radtouren im Programm. Wirf mal einen Blick über den Tellerrand, um zu sehen, was die Teams dort machen. Abgucken ist ja beim STADTRADELN nicht nur erlaubt, sondern erwünscht. Alle lernen von allen.

- Ich vernetze beim STADTRADELN in meiner Stadt gerne alle Teams. Denn ich finde es wichtig, dass wir uns nicht als Konkurrenz begreifen, sondern gemeinsam für eine klimaschonende Mobilität und eine lebenswerte Stadt mit besseren Radwegen eintreten. Darum sind meine Ansprechpartner der ADFC, Fahrrad-Initiativen, Fahrrad-Handel und andere Wirtschaftsunternehmen, Schulen, Vereine, Kirchengemeinden sowie die Verwaltung und die politischen Parteien.

▶ THEMENTOUREN bieten sich an zusammen mit dem Museum, Theater oder anderen Partnern. So sind wir in Marl schon des Öfteren zu den mehr als 80 im ganzen Stadtgebiet verteilten Skulpturen des *Skulpturenmuseums Glaskasten* unterwegs gewesen. Wenn der Museumsleiter oder Mitarbeitende des Kulturamts dabei sind, erfahren wir viel Neues. Mir war zum Beispiel unklar, dass die Skulptur "DIE AKROBATEN" am Marktplatz in Marl-Hüls aus Marktständen konstruiert wurde. Und dass die vor dem Theater Marl auf dem Kopf stehende Lokomotive "LA TORTUGA" von Wolf Vostell an die Schreckensherrschaft der Nationalsozialisten und deren Verbrechen erinnert. Für viele Teilnehmende war es vor der STADTRADELN-Tour ein auf dem Kopf stehender verrosteter Haufen Schrott. Die *Kunst-Radtour* ermöglicht das Entdecken spannender Ecken. Warum nicht auch mal Radtouren zu Geschichte, Architektur, Umwelt, Landwirtschaft oder Sport? Warum nicht gemeinsam zu Bauernläden fahren oder mit der Werbegemeinschaft zur Fahrrad-Shopping-Tour aufbrechen. Eine gemütliche Kneipen- und Restaurant-Tour wird so gleich zur *Wirtschaftsförderung*.

Tour-Ideen mit Mehrwert

Gerade Vereine können mit Touren auf ihr Programm hinweisen. Kleingartenvereine und Sportvereine können so auch neue Mitglieder gewinnen.

Wer wie wir in Marl die Verkehrswende vorantreiben möchte, kann auch Schulen und Kindergärten einbinden. Wir haben zum Beispiel Fahrraddemos für sichere Schulwege gemacht und haben für *Tempo 30* demonstriert.

Starte einen Wettbewerb innerhalb Deines Teams!

- Fahrt heute mit dem Rad *durch alle Stadtteile.*
- Radelt durch Stadtteil XYZ und *bastelt euch eine Tour für schnelle Wege* und die *Genießertour ohne Zeitdruck auf Nebenstrecken.*
- *Fahrt heute zu den Spielplätzen* in eurem Quartier *und dokumentiert* wie sie für Kinder zu erreichen sind.
- *Findet* heute *den schönsten / gefährlichsten Radweg* der Stadt.
- Wie viele *alternative Radwege* führen zu Kino / Schule / Rathaus / Krankenhaus / Sportverein / Hallenbad / Einkaufsstraßen / Einkaufszentrum / ... ?
- *Zählt die Ampeln* auf dem Weg zur Schule / Arbeit / Einkaufen / Freizeit.
- Wie viele Fahrradampeln waren rot?
- *Macht einen Einkauf per Fahrrad* beim HOFLADEN / auf dem Markt / im Bioladen / im Einkaufszentrum.
- *Bedankt euch bei Ladeninhaber:innen für gute Fahrradabstellplätze* oder regt sie an, falls es keine gibt. Wie siehts mit Lademöglichkeiten für Pedelecs und E-Bikes aus?
- Macht eine Ausflug zur nächsten Ausschuss- oder Ratssitzung, in der es um das Radfahren geht. Gibts keine vernünftigen Abstellplätze, wo ihr hochwertige Fahrräder sicher anschließen könnt? Dann *nehmt die Räder mit ins Rathaus.* Macht Stadtspitze und Politiker:innen klar, warum ihr das macht und dass ein Rathaus immer auch ein *Radhaus* sein sollte. Und dass es ratsam ist, wenn Ratsmitglieder zum Thema Rad künftig nicht mehr ratlos sind. Denn wenn dir dein Rad vor dem Rathaus geklaut wird, bist Du dein Rad los und du rad- sowie ratlos. *Sorry, der musste jetzt sein!*

Veranstaltungen

Natürlich können im Rahmen des STADTRADELNs nicht nur Radtouren angeboten werden. Kommt mit allen ins Gespräch, versucht gemeinsam mit allen kulturell Aktiven was auf die Beine zu stellen. Seid ihr Eltern, dann thematisiert das STADTRADELN in den Schulen und regt das Thema Verkehrssicherheit im Unterricht an. Macht vielleicht ein Fahrrad-Fest und bietet eine Fahrrad-Waschaktion an. Dann kommen die alten Möhrchen endlich wieder aus dem Keller und die Klassenkasse freut sich. Wie wäre es mit einer Kunstaktion: Fahrradgeschichten schreiben, Fahrradbilder malen oder gestaltet Schrottfahrräder zu Kunstwerken um. Wie wäre es mit einer *Fahrrad-Modenschau*, bei der Schüler:innen die neueste Fahrrad-Kollektion der Saison präsentieren?

Vielleicht gibt es ja auch die Möglichkeit, gemeinsam mit der Volkshochschule, dem *ADFC*, *VCD* oder anderen Vereinen Vorträge über Radtouren zu veranstalten. Weitere Ideen: Fahrrad-Reparatur-Kurse oder ein Fahrrad-Kino-Abend mit selbst gemachtem Pop-Korn. Ihr seht, es gibt eine Vielzahl von Ideen.

Wenn ich ein STADTRADELN-TEAM gründen will,...

- ☐ kann ich das ganz einfach bei meiner Anmeldung tun
- ☐ muss ich am Ende des Aktionszeitraums mindestens zu zweit sein, sonst gehen die geradelten Kilometer ans *Offene Team*
- ☐ werde ich automatisch Team-Captain
- ☐ kann ich mein Team zum Beispiel über den eingebauten Chat meiner Teamseite motivieren
- ☐ muss ich mir einen witzigen Namen ausdenken, der mit einem Konsonanten beginnt (Beispiel: Kettenöl-Queens Oer-Erken-

In Marl hat sich Benedikt Stelthove von der Pfarrei Heilige Edith Stein die beliebten *PFARR-RAD-Touren* ausgedacht. Der bischöfliche Beauftragte im Dekanat Lippe nimmt gemeinsam mit seinem Team Interessierte mit auf seine spannenden Entdeckungsreisen per Fahrrad: Dabei machen sie sich auf die Suche nach unscheinbaren Spuren christlicher Kultur wie Wegkreuze und Naturdenkmale. Oder sie erkunden Kirchen unter künstlerischen und architektonischen Aspekten.

„Ob Vielradler oder Gelegenheitsradler - wir heißen alle herzlich willkommen!“

Benedikt Stelthove

7. Für Schulen / Schulradeln

Schulradeln – DIE ANFÄNGE

Der Wettbewerb Schulradeln hat 2015 in Hessen angefangen und wird inzwischen von den sechs Bundesländern Bayern, Hessen, Niedersachsen, Nordrhein-Westfalen, Rheinland-Pfalz und dem Saarland angeboten (Stand: April 2022).

AUF EBENE DER BUNDESLÄNDER

Interessierte Bundesländer schließen dazu mit dem Klima-Bündnis einen Vertrag. Sie erhalten dann eine eigene Schulradeln-Internetseite, auf der die Aktivitäten der Schulen des jeweiligen Bundeslandes gebündelt werden. Dort siehst Du im Cockpit zum Beispiel in wie vielen Kommunen wie viele Schulen und Radelnde dabei sind. Auf einen Blick sehen wir die Zahl der landesweit erreichten Kilometer und die positiven Effekte für den Klimaschutz. Denn die Angabe des vermiedenen CO_2 soll zeigen, welche klimaschädlichen Gase durch die Nutzung eines Pkw auf diesen Wegen entstanden wären. Über die jeweiligen Landesseiten können sich weitere interessierte Schulen registrieren. Hier erfährst Du mehr über die Spielregeln und die Auswertung. Wie bei einem sportlichen Wettkampf werden die Ergebnisse der jeweiligen Schulen in einer Tabelle angezeigt. Dabei sehen wir neben dem Platz in der Gesamttabelle auch den Schulnamen, die Kommune, die gefahrenen Kilometer, die Zahl der Radfahrenden, die pro Kopf geradelten Kilometer und den Status des Wettbewerbs. Denn Teams auf Spitzenplätzen, deren Wettbewerbe bereits abgeschlossen sind, können durch Verfolger:innen, deren Aktionszeitraum noch nicht abgeschlossen ist, noch überholt werden.

Gesucht werden die „fahrradaktivsten Schulen" in den Bundesländern, die für ihren Einsatz prämiert werden. Schulradeln ist dabei an den Aktionszeitraum der jeweiligen Kommune gekoppelt. Daher ist Schulradeln auch nur in den Bundesländern möglich, die sich an der Kampagne beteiligen. Eine Ausnahme ist Hessen: dort gibt es einen gesonderten Schulradeln-Zeitraum für Schulen aus Kommunen, die nicht beim STADTRADELN mitmachen. Das alles findest Du über die Startseite von STADTRADELN.de heraus, wo du über das Suchfeld nach deiner Stadt filtern kannst. Sollten viele Einträge gleichzeitig angezeigt werden, kannst Du auch über Klicks auf die Bundesländer oder andere Parameter sortieren.

Spielregeln Schulradeln (Ergänzung zu den Spielregeln, die generell fürs STADTRADELN gelten)

Was kostet die Teilnahme?

Kosten entstehen für die Schule nicht, denn die Kommune übernimmt die Anmeldegebühr für die Stadt.

Wie gebe ich meine geradelten Kilometer ein?

Wie beim STADTRADELN werden die Kilometer entweder über die STADTRADELN-App getrackt oder händisch nach dem Login auf der Internetseite eingetragen. Es geht aber auch anders: Zum Beispiel können Klassensprecher:innen diese Aufgabe für die gesamte Klasse übernehmen und die geradelten Kilometer ins *km-Tagebuch* eintragen. Wichtig: Dann muss die eintragende Person in ihren Einstellungen die Zahl der Mitschüler:innen angeben, für die sie die Kilometer einträgt. Sonst entstehen unter dem Eintrag der meldenden Person astronomisch hohe Kilometerzahlen.

Was muss unsere Schule machen, um am Schulradeln teilzunehmen?

Dazu muss die Schulleitung Koordinator:innen finden, die eure Schule registrieren und offiziell zum Schulradeln anmelden.

Wie werden Teams gegründet?

Sobald eure Schule zum Schulradeln registriert ist, könnt ihr neben dem Schulteam auch Unterteams gründen. Zum Beispiel für verschiedene Klassen.

Wie finde ich die Schulteams?

Sobald Du dich als Teilnehmer:in bei Schulradeln anmeldest, siehst Du die Teams deiner Kommune. Auch deine Schule.

Bis wann muss ich meine Kilometer eintragen?

Bis spätestens sieben Tage nach Ende des Aktionszeitraums.

Wofür brauchen wir Team-Captains?

Damit sie den Wettbewerb koordinieren. So könnten Lehrer:innen oder Vertreter:innen aus der Schülerschaft die Teams anfeuern und darauf hinweisen, dass die Kilometer immer schön eingetragen werden. Achtung: Wer ein neues Team gründet, ist automatisch Team-Captain.

Weitere Fragen?

Dann sieh dir die allgemeinen Spielregeln am Ende des Buches an.

Du bist Lehrer:in?
Dann solltest Du das hier wissen:

Für das STADTRADELN bzw. Schulradeln braucht ihr eine:n Ansprechpartner:in an eurer Schule. Zum Beispiel dich. So kannst du den Wettbewerb koordinieren und Teams informieren und zur Teilnahme motivieren. Du bist auch für die Unterteams zuständig und kannst bei Rückfragen auch die Koordinator:innen auf kommunaler Ebene oder auf Bundeslandebene kontaktieren. In der Regel wird deine Schule von der Stadt angesprochen. Notfalls fragst Du über die Koordinator:innen deiner Verwaltung nach. Den Kontakt findest Du über die lokale Internetseite. In der Regel findest Du die Seite über www.stadtradeln.de/Name_deiner_Stadt Falls nicht, einfach über die Startseite der Kampagne im Suchfeld den Städtenamen eingeben.

Material

Schulradeln hat auf der Internetseite viele Informationen für dich. Dort gibt es Flyer, Plakate und Links zum Thema Radfahren. Sieh dir unbedingt das Infomaterial an, denn es bietet sich zum Teil auch für deinen Unterricht an

Schon gewusst?

Zwei Drittel der Kinder bis 15 Jahren (65 Prozent) fahren mehrmals im Monat oder häufiger mit dem Rad. Damit wird das Fahrrad von Kindern deutlich häufiger genutzt als von Erwachsenen. Dennoch halten Expert:innen das für zu wenig. Laut Fahrrad-Club ADFC fährt nur jedes fünfte Kind mit dem Rad zur Schule. Schulradeln spielt beim STADTRADELN eine besonders große Rolle. Denn hier können Schüler:innen und deren Eltern sowie die Lehrer:innen direkt erreicht werden. Alle Schulen werden gewinnen, denn sie erhalten nach der Teilnahme eine Urkunde, in der die gemeinsam gesammelten Fahrradkilometer gefeiert werden. Darüber hinaus gibt es Auszeichnungen für die Fahrradkaktivste Schule auf Landesebene.

Wieso sollte eure Schule mitmachen?

Schüler:innen wollen selbstständig unterwegs sein und brauchen dabei unsere Unterstützung. Wenn Schulwege nur kurz sind, sollten wir sie zu Fuß oder mit dem Fahrrad begleiten. Viele Schulen haben zusammen mit Vereinen oder Fahrrad-Initiativen Schulwegpläne entwickelt, die die sichersten Wege kennzeichnen. Probiert sie gemeinsam aus oder entwickelt eure eigenen Wege:

Mein Tipp:

Abonniere unbedingt auch den offiziellen Newsletter, den das Klima-Bündnis zum STADTRADELN und Schulradeln herausgibt. Dann bist Du immer auf dem aktuellen Stand.

Tipp 2:

Mit einer Kidical-Mass-Fahrraddemo können Eltern und Kinder zeigen, dass Sie eine sichere Verkehrsinfrastruktur wollen.

So sollte ein guter Schulweg sein:

- Breit ausgebauter Radweg
- Gute Oberfläche: so ist Radfahren einfach und macht Spaß
- Nutzt verkehrsarme Seitenstraßen!
- Gibts eine gute Beleuchtung für die dunkle Jahreszeit?
- Ist der Weg gut einsehbar und sicher?
- Euer Weg sollte kein Mega-Umweg sein
- Der kürzeste Schulweg ist nicht immer der beste
- Habt ihr Unterstellmöglichkeiten bei plötzlichem Regen?
- Sprecht den Schulweg immer ab: t Eltern / Geschwistern / Mitschüler:innen
- Notfalls Bushaltestelle in der Nähe?
- Eltern und Kinder können in Ferien Schulweg üben: Hin und zurück
- Bildet Fahrrad-Gemeinschaften!

Viele Eltern haben keine alternative Möglichkeit und müssen ihre Kinder mit dem Auto vor der Schule absetzen, weil sie damit den Weg zur Arbeit verbinden oder der Schulweg zu weit oder gefährlich ist. Oft sind Fahrten mit dem Elterntaxi Bequemlichkeitsfahrten. Sie sind unnötig und zählen mit zur Hälfte der Strecken unter fünf Kilometer, für die wir in Deutschland das Auto nehmen. Ein Viertel der mit dem Auto gefahrenen Strecken sind kürzer als zwei Kilometer.

Unsere Kinder sind nicht aus Zucker und sie wollen in den meisten Fällen auch selbstbestimmt unterwegs sein. Dennoch sehe ich bei Radtrainings immer wieder, dass viele Kinder noch nie auf einem Fahrrad gesessen haben. Oft haben auch die Eltern kein Fahrrad. Gemeinsame Radtouren mit der Familie gibt es nicht. So werden die Fahrradprüfungen in der Schule auf den Kopf gestellt. Statt die Verkehrsregeln zu lernen und das Radfahren im Straßenverkehr zu üben, müssen die Jugendverkehrsschulen oft bei Null anfangen. Das ist aber in der kurzen Zeit, die für die Fahrradprüfung vorgesehen ist, nicht möglich.

Als Lehrer:innen könnt ihr eure Vorbildfunktion nutzen. Kommt selbst - wann immer möglich – mit dem Fahrrad zur Schule und ladet zu kleineren Ausflügen mit dem Fahrrad ein. Da nicht alle Kinder ein eigenes Fahrrad besitzen, ist eure Kreativität gefragt. Das Thema Mobilität im Alltag kann auch deinen Unterricht bereichern. Denn für die Mobilitätsbildung gibt es viel inspirierendes Material und das Fahrrad kann den Unterricht auf vielfältige Weise auflockern: Nicht nur im Sport-Unterricht, sondern auch im Kunst- und Musikunterricht. Dazu findest Du auf den STADTRADELN-Seiten deines Bundeslandes viele Hinweise und Materialien.

Meine Tipps für spannende Aktionen

KUNST-AG

- Fahrrad-Kunstaktionen: Schrottfahrräder künstlerisch gestalten oder etwas aus den Komponenten machen
- Performance 1: Stellt euch mit mehreren Leuten – wie eingefroren – mit dem Fahrrad irgendwohin
- Performance 2: wie 1 - nur alle mit gleichfarbigen Klamotten
- Performance 3: wie 1 - nur alle mit Regenschirm
- Performance 4 – x : Lasst euch was einfallen.

LITERATUR-AG

- Gedichte oder Geschichten schreiben über das Fahrrad
- In welchem Büchern / Filmen spielt das Fahrrad eine Rolle?

MUSIK-AG

- Playlist mit Fahrradsongs erstellen
- Schreibt, produziert und performt einen eigenen Fahrrad-Song (Wie wär's mit ein wenig Ironie? Coole Rapper:innen auf dem Fahrrad statt in dicker Karre?

UMWELT-AG:

- Wie viel CO_2 vermeidet ihr beim Wettbewerb?
- Wie viel Kraftstoff sparen wir ein?
- Welche Strecken in der Stadt sind fürs Fahrrad geeignet?
- Welche Vorteile hat das Fahrrad?
- Was müsste getan werden, damit mehr Menschen das Fahrrad nehmen?

MEDIEN-AG

- Foto- und/oder Video-Ausstellung: Dokumentiere deinen Schulweg vom Fahrrad aus / vom Eltern-Taxi aus

SONSTIGE IDEEN:

- Eltern und Großeltern berichten lassen, wie sie Fahrrad fahren gelernt haben und was es für sie bedeutete (Emanzipation / Selbstständigkeit)
- Fahrradladen besuchen, Fahrradhändler:in interviewen (Erste Fragen könnten sein: Wie viele Fahrräder haben Sie? Welche Farben sind die Lieblingsfarben? Welche Fahrradtypen werden am meisten verkauft? Wie alt war das älteste Fahrrad, das jemals bei Ihnen zur Reparatur kam? Wie wird man Fahrradhändler:in? Suchen Sie Mitarbeiter:innen? Wie sind die Berufschancen? Beschreiben Sie die lustigste Situation, die Sie als Fahrradhändler:in erlebt haben..., usw.

- Fahrrad-Reparatur-Kurs an der Schule in Zusammenarbeit mit einem Fahrradladen, Fahrrad-Ini oder ADFC?

- Wie wäre es mit einem generationenübergreifenden Projekt, bei dem das Fahrrad eine wesentliche Rolle spielt? Es ist nur eine Idee, ob sie funktioniert, musst Du selbst herausfinden. Es gibt das Projekt *RadelnOhneAlter.de*, bei dem geschulte Mitarbeitende ältere Menschen aus Senioreneinrichtungen abholen und sie zusammen mit einer Pflegekraft in Fahrrad-Rikschas an ihre Wunschorte fahren. Das kann das Elternhaus, die Schule, ein Café oder auch der Friedhof sein. Vielleicht wäre das ja eine schöne gemeinsame Radtour, bei der junge und ältere Menschen sich austauschen können.

Übrigens: Ob ein Kind mit dem Fahrrad zur Schule fahren darf, entscheidet nicht die Schule, sondern die Eltern. Über diesen Punkt gibt es immer wieder unterschiedliche Aussagen. Klar aber ist, dass Schüler:innen nicht erst die Fahrradprüfung abgelegt haben müssen, um im Straßenverkehr unterwegs zu sein, wenn ihre Eltern es mit ihnen geübt haben und sie der Meinung sind, dass ihre Kinder das können. Natürlich ist die Fahrradprüfung eine wichtige Veranstaltung für die Schüler:innen. Dort wird zum Beispiel das Fahrrad auf seine Verkehrssicherheit gecheckt. Leider sind aber viele Prüfungen durch die Coronapandemie ausgefallen.

Manche Eltern glauben, ihre Kinder würden bei diesem Training das Radfahren lernen. Das ist aber ein Irrtum. Natürlich sollten sie das schon können. Das Fahrradtraining soll ihnen die Verkehrsregeln näher bringen. Es ist nach wie vor wichtig, dass wir Eltern unseren Kindern das Radfahren beibringen und es ihnen frühzeitig vorleben.

STOP

Welche der folgenden Aussagen ist richtig?

- ☐ 2/3 der Kinder bis 15 Jahren (65 Prozent) fahren mehrmals im Monat oder häufiger mit dem Rad

- ☐ Der künftige berufliche Erfolg hängt maßgeblich von einem Pkw-Führerschein ab. Daher sollten alle Schulen analog zu Lehrerparkplätzen auch Parkplätze für Schüler:innen einrichten, die sie zur Anreise mit dem Auto animieren, um möglichst viel Fahrpraxis zu sammeln. Aus Klimaschutzgründen sollten die Schulen zu vorausschauender Fahrweise, optimalem Reifendruck und frühem Schalten raten.

- ☐ Mit der Aktion STADTRADELN kannst Du als Lehrer:in besonders gut Schüler und Eltern für das Thema Mobilität und Klimaschutz erreichen.

- ☐ Beim STADTRADELN erhalten alle Schulen nach der Teilnahme eine Urkunde. Auf Landesebene gibt es Auszeichnungen für die Fahrradaktivste Schule.

- ☐ Bei den Fahrradtrainings in den Schulen fällt auf: Immer mehr Kinder können nicht Fahrradfahren und haben Probleme mit dem Gleichgewicht. Viele haben gar kein eigenes Fahrrad oder werden von den Eltern selbst auf kurzen Strecken mit dem Auto gebracht.

- ☐ Aktionen rund ums Radfahren machen Spaß und zeigen uns: Kinder wollen selbstbestimmt, sicher und mit Freude unterwegs sein.

Simone Krauss und Steffen Brückner organisieren seit Herbst 2018 die Kidical Mass in Köln. Inzwischen ist ihr Netzwerk zu einem bundesweiten Aktionsbündnis geworden, an dem sich im Mai 2022 rund 40.000 Menschen beteiligt haben. Dabei forderten sie eine Reform des veralteten Verkehrsrechts, das Kinder nicht ausreichend schützt. Ich habe mit ihnen gesprochen.

Nichts schwieriger als das!

Was genau ist euer Ziel?

Die *Kidical Mass* hat die Vision, dass sich alle Kinder und Jugendlichen sicher und selbstständig mit dem Fahrrad bewegen können. Sie wünscht sich kinderfreundliche, grüne Orte, in denen es viele und vielfältige Freiräume zum Spielen und für Begegnungen zwischen allen Menschen gibt.

Mitten in Köln: Simone und Steffen leben mit ihren vier Kindern und ohne Auto in der Kölner Innenstadt.

Kinder hören oft: „Ihr seid zu jung zum Wählen, ihr dürft noch nicht beim Radentscheid mitmachen." Aber *ihr* nehmt sie ernst ...

Die *Kidical Mass* ist das Megafon, das Kindern eine Stimme im Verkehr gibt. Bei unseren Touren können Kinder und Eltern erleben, wie toll Radfahren in der Stadt sein könnte. Wir wollen Menschen generationsübergreifend, über die Radszene hinaus mobilisieren, sich für die Verkehrswende einzusetzen. Und nicht zuletzt wollen wir Druck auf Politik und Verwaltung ausüben, ihnen aber gleichzeitig auch den Rücken für zukunftsweisende, enkeltaugliche Entscheidungen stärken.

Herzstück des Aktionsbündnisses sind über 250 lokale Organisationen. Ein einzigartiges Netzwerk, dezentral, selbstorganisiert und gemeinsam stark.

STADTRADELN und Schulradeln wollen ja auch möglichst viele Familien aufs Fahrrad bekommen. Was haltet ihr von der Aktion des Klima-Bündnis und wie sind eure Erfahrungen mit STADTRADELN?

Wir beobachten bei unseren Kindern, dass STADTRADELN sie anspornt und sie noch mehr Radfahren wollen, um mehr Kilometer zu sammeln. Aber sie müssen nicht mehr überzeugt werden, denn sie sind bereits fitte Alltagsradler*innen. Aus unserer Sicht muss aber mehr passieren. Die Kommunen können die Verantwortung nicht allein auf die Menschen abwälzen. Sie müssen ihre Hausaufgaben erledigen und für eine sichere Radinfrastruktur sorgen. Hier ist auch die Bundesregierung gefragt, die mit einem kinderfreundlichen Straßenverkehrsrecht den Rahmen schaffen muss. Das ist die zentrale Forderung des *Kidical Mass* Aktionsbündnisses.

Was mögt ihr an STADTRADELN besonders?

Toll ist ja die begleitende Meldeplattform RADar! für Schäden u.ä. an Radwegen. In Köln gab es so viele Meldungen, die dann gar nicht bearbeitet werden konnten, so dass die Stadt das System einfach abgeschaltet hat. Das geht natürlich gar nicht.

Gerade Schulen, die beim STADTRADELN mitmachen, suchen ja immer spannende Aktionen. Welche Ratschläge habt ihr?

Schließt euch den zentralen *Kidical Mass* Aktionswochenenden an, denn gemeinsam sind wir einfach stärker. Organisiert einen #BikeBus, d.h. eine *Kidical Mass* auf dem Weg zur Schule. Der #BiciBus aus Barcelona hat dieses Prinzip gerade weltberühmt gemacht. Oder verwandelt die Straße vor eurer Schule in eine #Schulstraße, die zu Schulbeginn und –ende oder auch ganztags für den Autoverkehr gesperrt ist. Schaut auf unsere Website, schreibt uns eine Mail. Wir helfen euch gerne weiter.

Alle Termine unter **https://kinderaufsrad.org**

Bitte setzt den folgenden Satz fort: Kinder sollten Fahrradfahren, weil...

...es einfach toll ist und in vielerlei Hinsicht gut tut – nicht nur den Kindern: Fahrradfahren ist Selbstwirksamkeit pur, gut für die kindliche Entwicklung, die Gesundheit, die Umwelt (weniger Lärm, bessere Luft, weniger CO2) und für das soziale Miteinander.

9. Für die Kommune

STADTRADELN ist die perfekte Möglichkeit, um Klimaschutz spielerisch bei euch zu etablieren. Du als Koordinator:in wirst selber viele positive Beobachtungen machen.

In allen Städten und Gemeinden sollte Klimaschutz Bestandteil allen Verwaltungshandelns sein: Jede Maßnahme sollte auf seine Klimaauswirkungen überprüft werden.

Dabei ist die Kommune wie jeder Haushalt der Stadt Verbraucherin und sollte durch ihr Handeln Vorbild sein. Das fängt zum Beispiel beim Energiemanagement in den Gebäuden und bei der Straßenbeleuchtung an, geht über das Vermeiden von Abfall und reicht bis zum städtischen Fuhrpark. Hinzu kommt das Flächenmanagement: Der Schutz von Naturschutzgebieten, der Erhalt und sogar Ausweitung von Landschaftsschutz – und Naherholungsgebieten und eine klimaschonende Flächenpolitik. Das erfordert ein gutes Händchen beim Flächenverbrauch durch Siedlungen, Gewerbegebiete und verkehrliche Infrastruktur. Klar, meckern Kritiker:innen, es würden ja auch Flächen für Geh – und Radwege versiegelt. Doch belasten Straßen und Autobahnen die Umwelt und das Klima wesentlich stärker. Grund sind neben der deutlich großflächigeren Versiegelung auch die von Kraftfahrzeugen ausgestoßenen klimaschädlichen Treibhausgase.

Ich kenne Städte, die den Klimanotstand ausgerufen und damit geworben haben, aber mehrere Tritte vors Schienbein brauchten, um

- nicht mehr in Stellenausschreibungen mit „kostenlosem Autoparkplatz" zu werben
- stattdessen mit Mobilitätsmanagement zu werben, unter anderem mit verbilligten Job-Tickets, Dienst-(Lasten-)rädern, Dienstrad-Leasing, fahrradfreundlichen Rahmenbedingungen wie

Waschmöglichkeiten, Umkleiden, sicheren und wetterfesten Unterstell – und Lademöglichkeiten für E-Bikes, etc.

- das kostenlose stadtweite Parken von Autos aufzuheben
- Autokorsos mit Beteiligung der Stadtspitze zu unterlassen

Und hier kommt das STADTRADELN ins Spiel.

Einfluss auf das Klima haben nicht nur die politisch Handelnden und die Verwaltungsmitarbeitenden, sondern alle Bürgerinnen und Bürger – egal wie alt sie sind. Daher ist es wichtig, dass Kommunen ihr Klimaschutzmanagement optimieren und alle Menschen daran beteiligen. Aktionen wie das Klimaradeln sind hervorragende Kommunikationsmaßnahmen. Sie stärken das Wir-Gefühl und zeigen, dass Klimaschutz laut Weltklimarat IPCC für die Menschheit überlebenswichtig ist. Daher sollte STADTRADELN im Survival-Handbuch aller Behörden stehen. Möglichst weit vorne, nicht hinten im Index unter „Falls mal Langeweile", „Sonstiges" oder „FdP" (Für die Praktikant:innen).

Andrea Baudek ist Baudezernentin in Marl.

Die Marler Baudezernentin Andrea Baudek ist passionierte Radfahrerin und ein gutes Beispiel, wie leitende Verwaltungsmitarbeiter:innen den Wettbewerb für effektive Öffentlichkeitsarbeit zum Thema Radfahren nutzen können: „STADTRADELN ist toll! Trotz einer leicht verregneten Auftakt-Tour nach Dorsten im Herbst letzten Jahres war die Stimmung unter den Mitradelnden super. Es haben sich viele wertvolle und informative Gespräche ergeben. Und ganz nebenbei haben die drei Wochen

Fahrradfahren auch meiner Fitness gut getan. Als Baudezernentin unserer Stadt bin ich für alle Mobilitätsarten verantwortlich. Dies gelingt nur durch einen Perspektivwechsel raus aus dem Auto, rauf auf das Fahrrad oder rein in die Laufschuhe oder den Linienbus. Zudem sind viele kleine Fuß – und Radwegverbindung eben nicht mit dem Auto zugänglich. Nur wer die Höhen und Tiefen aller Verkehrsmittel am eigenen Leib erlebt hat – und erfahren durfte, dass es im Grunde kein schlechtes Wetter gibt, sondern nur unpassende Kleidung – kann gute Einschätzungen geben und Verantwortung für die Unversehrtheit der Menschen auf ihren Wegen in Marl übernehmen. Ich freue mich darauf, auch in diesem Jahr wieder zum Mitmachen und zur Auftakttour des STADTRADELNs in Marl einzuladen und natürlich selber mit dabei zu sein."

INFO:

Wir brauchen keine Geisterstädte, in die morgens und abends Roboter in endlosen Auto-Blechlawinen hinaus – und und wieder hineinschlängeln und nichts da lassen als Lärm und schlechte Luft. *In Städten für Menschen* lässt es sich leben. Hier wohnen *und* arbeiten die Menschen gerne, weil sie auf kurzen Wegen mit Bus, Rad oder zu Fuß ans Ziel kommen können. Unterwegs erleben sie die Natur und begegnen Menschen. Sie entdecken Spannendes in Schaufensterauslagen, halten an, kaufen etwas in Geschäften ein, trinken einen Kaffe und genießen die gesteigerte Aufenthaltsqualität. **Übrigens:** Die Kaufkraft von Radfahrenden wird oft unterschätzt. Es gibt Untersuchungen dazu. Viele Klein-, Mittel – und Großstädte in Nordrhein-Westfalen haben zum Beispiel bei der Kommunalumfrage des Landes NRW im Jahr 2020 angegeben, dass sie innerhalb der nächsten zehn Jahre von einem Bedeutungsverlust des Pkw bei der Erreichbarkeit der Innenstadt ausgehen.

Gönn dir und den Menschen deiner Stadt drei Wochen STADTRADELN und bring damit was in Gang!

Aber kostet die Teilnahme unserer Stadt nicht Geld, Arbeitszeit und Nerven?

Geld: ja, aber sehr wenig. Außerdem gibt es zum Teil Fördermöglichkeiten. *Arbeitszeit: ja. Nerven: nein*, denn STADTRADELN ist ein erprobtes Konzept und liefert dir alles, was Du brauchst: Leitfäden, Checklisten, Formulare, Tabellen, Textbausteine, Fotomaterial und sogar Entwürfe für Pressemitteilungen.

Die meisten Kommunen, die sich beim STADTRADELN beteiligen, sind auch im Folgejahr wieder dabei.

STADTRADELN ist schonungslos ehrlich: denn alle Teilnehmenden spüren die Chancen und Knackpunkte beim Radfahren in der Kommune schon bei der ersten Fahrradfahrt.

Am Ende wird bei vielen Teilnehmenden der Wunsch bestehen, künftig mehr mit dem Rad unterwegs zu sein. Dabei ist es egal, ob nur am Wochenende bei einer Radtour in der Freizeit oder bei den alltäglichen Fahrten zur Arbeit, zur Schule, Universität, Einkaufen, Verein oder zu Freunden.

Nach fünf Jahren STADTRADELN-Erfahrung habe ich hunderte Gespräche mit Teilnehmer:innen geführt. Und der Großteil hat den Wettbewerb als "zu kurz" empfunden. Die meisten sind daher auch nach dem Wettbewerb viel häufiger mit dem Fahrrad unterwegs und ersetzen vor allem auf kurzen Strecken die bisherige Fahrt mit dem Wagen durch das Fahrrad.

Markus (31) zum Beispiel fuhr bislang die zwei Kilometer zum Fitnessstudio mit dem Wagen. Inzwischen nimmt er sein Fahrrad und braucht sich dann nicht mehr warm zu machen.

Andrea (41) bringt zwar immer noch die Kinder meist mit dem Auto zur Schule, fährt aber hin und wieder die drei Kilometer gemeinsam mit ihnen per Fahrrad. Sie hat dabei erst festgestellt, wie schlecht die Radwege sind, was ihr beim Autofahren nie so aufgefallen ist. Nun macht sie auch beim Radler-Stammtisch mit und setzt sich für bessere Radwege ein.

Maria (75) beteiligt sich auch beim STADTRADELN, weil sie gemeinsam mit anderen Leuten unterwegs sein möchte. Sie will nicht die Welt verändern. Auch das ist ok.

Dir als STADTRADELN-Koordinator:in wird jetzt klar, wie oft wir aus Bequemlichkeit mit dem Wagen zur nächsten Bäckerei fahren, obwohl wir vielleicht nur ein paar hundert Meter haben und der Wagen längst nicht warm ist, wenn wir dort ankommen. Ich radle am Wochenende zur etwa 3,5 Kilometer entfernten Bäckerei und walke auch schon mal. Dabei erlebe ich regelmäßig, wie in der Siedlung vor der Bäckerei Leute in ihren Wagen steigen, obwohl die Bäckerei quasi in Steinwurfweite liegt und sie den Duft der frischen Brötchen eigentlich schon fast riechen könnten. Oft komme ich vor ihnen an, während sie noch einen Parkplatz suchen. Gerade im Winter erlebe ich häufig, dass viele Kund:innen sehr nah an der Bäckerei wohnen müssen, weil die Scheiben und Motorhauben zum Teil noch vereist sind.

Jede und jeder muss sein eigenes Handeln verantworten. Eine Teilnahme am STADTRADELN kann dabei helfen, das eigene Mobilitätsverhalten zu hinterfragen. Dabei geht es nicht um falsch und richtig und auch nicht um Gut und Böse.

STADTRADELN macht Spaß, aber es kann auch mühevoll und anstrengend sein. Für mich persönlich ist es einer der Höhepunkte des Jahres: Neue Menschen kennenlernen, gemeinsam Spaß haben und gute Gespräche führen. Vielleicht sogar etwas verändern wollen. So war es am Ende bei mir. Inzwischen sehe ich, dass die ersten der 64 Millionen Euro in meiner Stadt für den Radverkehr verbaut wurden, die ersten Radwege neu entstehen und alte Wege mit schlechter Oberfläche erneuert werden. Zum Beispiel auf dem Schulweg meiner Kinder. Auf der Buckelpiste für Zufußgehende und Radfahrende entsteht gerade eine neue Oberfläche, die an den Einfahrten gemäß unserer Forderungen niveaugleich fortgesetzt werden muss. Das bedeutet, dass die Kinder an einmündenden Straßen es komfortabler haben werden, denn das ewige Auf – und Ab ist vorbei. Gleichzeitig wird es für sie sicherer, denn abbiegende und aus den Einfahrten kommende Autos haben eine kleine Rampe, die das Langsamfahren erfordert und einen weiteren positiven Effekt hat: Zufußgehende und Radfahrende werden besser wahrgenommen.

Natürlich gibt es Menschen, die aus verschiedenen Gründen auf ihr Auto angewiesen sind, aber es gibt immer mehr Bürgerinnen und Bürger auch bei euch, die lieber mit dem Rad unterwegs sein wollen, jedoch durch fehlende oder schlechte Geh – und Fahrradwege oder ein mangelhaftes Angebot von Bus und Bahn sprichwörtlich ins Auto gezwungen werden. Der Wettbewerb schärft dafür während des dreiwöchigen Aktionszeitraums den Blick und zeigt dir, was schon gut ist, legt aber auch schonungslos offen, wo deine Kommune noch besser werden sollte.

Die Teilnahme am STADTRADELN ist daher in vielerlei Hinsicht eine Chance, die Du nutzen solltest. Ich habe hier mal ein paar Punkte aufgelistet, die mir sofort einfallen:

- STADTRADELN ist *einfach durchzuführen*, denn Du bekommst einen tausendfach erprobten Konzepet-Baukasten
- Die komplette IT-Infrastruktur ist vorhanden und einsetzbar
- Die mit der STADTRADELN-App aufgezeichneten Strecken können für die Verkehrsplanung vor Ort genutzt werden
- Bei Nutzung der App RADAR!: ihr seht direkt den Verbesserungsbedarf (Schlaglöcher, Gefahrenstellen, etc.)
- Perspektivwechsel für Verwaltung und Kommunalpolitik zeigt Mobilitätsbedürfnisse aller Verkehrsteilnehmenden

- Deine Kommune positioniert sich für den Klimaschutz
- Ihr stärkt das Gemeinschaftsgefühl nach der Formel: Bürger + Verwaltung + Politik = DEINE KOMMUNE
- Erkenntnisgewinn bei Teilnehmenden zum Mobi-Verhalten
- Mobilitätsbildung für Schulen

Ideelle und personelle Voraussetzungen

Natürlich wird STADTRADELN erst zum Selbstläufer, wenn Du dafür sorgst. Ihr braucht also eine Person, die sich nicht nur in den drei Wochen des Aktionszeitraums drum kümmert, sondern über einen Zeitraum von etwa vier Monaten jeweils fünf Wochenstunden.

Das solltest Du vorab klären:

- Werden die Aufgaben an verschiedene Personen verteilt? (z.B. Pressearbeit an Presseamt / Hausgrafiker:in)
- Wer kümmert sich im Krankheitsfall oder bei Urlaub?

Nebenbei: Der Herr Schulze-Miespetrich aus der Stadtkasse, der per Flaschendrehen bestimmt wird und *mal eben* die Kampagne durchziehen soll – „sind ja nur drei Wochen bei diesem STADT-Äh-Dingenskirchen...", ist vielleicht nicht die erste Wahl.

In vielen Städten sind die Klimamanager:innen die direkten Anlaufstellen. Manchmal machen Städte auch das STADTRADELN zur Chef:innensache. Vorbild sein, heißt: mitmachen und vorleben. Das muss nicht perfekt sein, aber immer *echt und glaubwürdig.*

Die Erfahrungen der vergangenen Jahre zeigen, dass gerade die Städte ganz vorne mitfahren, die sich zum Radfahren bekennen. Nicht nur auf einem einsamen pressewirksamen Greenwashing-Foto, sondern Schritt für Schritt mit einer eigenen Vision, was das Klimaradeln mit eurer Stadt konkret zu tun hat. Auch kleine Schritte führen ans Ziel. Auch kleine Kieselsteinchen können Meilensteine sein. Euer STADTRADELN-Kernteam in der Verwaltung kann Begeisterung wecken und damit bisherige Fahrradmuffel neugierig machen. Zeigt Persönlichkeit, den Willen zur Veränderung Richtung klimaschonender Mobilität, Gestaltungswillen und Offenheit für Neues.

Wenn ich mir die STADTRADELN-Seiten der erfolgreichen Kommunen ansehe, entdecke ich unglaublich gute Ideen. Wenn Du dir die Teams ansiehst, die gegeneinander und miteinander antreten, entdeckst Du sie alle: Schulen, Vereine, Unternehmen, Verwaltung, Politik und natürlich auch die Familien und Einzelpersonen.

Da, wo STADTRADELN gelebt wird, entsteht ein unsichtbares Band. Zunächst nur mit losen Schleifen, die aber nach und nach zu festen Knoten werden. Mit dabei: Bürgerinnen und Bürger, ansässige Unternehmen, Vereine, Schulen, überrregional in Bezirksregierungen, Land, Bund und natürlich auch intern bei der eigenen Mitarbeiterschaft deiner Verwaltung.

Finanzielle Voraussetzungen
Kosten für die Teilnahme einer Kommune

Das Mitmachen ist grundsätzlich für alle kostenlos, lediglich die Kommunen zahlen eine Gebühr. Es gibt aber Fördermittel und in einigen Bundesländern sogar die teilweise oder komplette Übernahme der Gebühr. Außerdem gibt es Vergünstigungen, wenn ihr zum Beispiel Mitglied im Klima-Bündnis seid.

Die Gebühr richtet sich nach der Einwohnerzahl. Es gelten auch pauschale Anmeldegebühren für Kommunen, die sich direkt über den Landkreis oder die Region anmelden. Das gilt, wenn der Aktionszeitraum identisch ist und der Landkreis oder die Region Hauptanmelder ist und die beteiligten Kommunen gleichzeitig online anmeldet. Hierzu gibt es ein Excel-Formular, das den Anmeldeprozess mehrerer Teilnehmerkommunen vereinfacht. Mit ihrem finanziellen Beitrag ermöglichen die Städte und Gemeinden, dass STADTRADELN überhaupt stattfinden kann. Denn angesichts der hohen Zahl der Teilnehmenden und Städte ist eine sichere IT-Infrastruktur erforderlich. Außerdem fallen Kosten an für die STADTRADELN-App, die Meldeplattform RADAR!, die Betreuung der Kommunen und Teilnehmenden sowie Werbematerialien, Veranstaltungen, Preise für die Sieger:innen und die enorm wichtige Pressearbeit.

Förderung durch die Bundesländer

Immer mehr Bundesländer fördern die Teilnahme am STADTRADELN. Das Saarland übernimmt die Kosten, Hessen stellt zusätzlich auch nutzergenerierte Verkehrsdaten der STADTRADELN-App zur Verfügung. Rheinland Pfalz und Thüringen haben gedeckelte Fördertöpfe und übernehmen die Anmeldegebühr bis das Geld erschöpft ist. Hier zählt also: *Schnell anmelden!*

STADTRADELN ist auch mit den anderen Bundesländern im Gespräch (Stand: Februar 2022).

Grundsätzlich ist jeder Euro, der in den Radverkehr oder in Werbemaßnahmen investiert wird, gut investiertes Geld. Nicht ohne Grund zählt die Öffentlichkeitsarbeit für das Fahrrad zu den wirksamen Instrumenten, um den Radverkehrsanteil zu erhöhen. *Denn Baumaßnahmen allein reichen nicht!*

STADTRADELN wird daher auch von verschiedenen Institutionen empfohlen: u.a. vom Bundesverkehrsministerium, Vereinen wie den Arbeitsgemeinschaften fußgänger – und fahrradfreundlicher Städte, Gemeinden und Kreise (AGFS und AGFK) sowie dem EU – Zertifizierungsprogramm "Fahrradfreundlicher Arbeitgeber".

Teilnahmegebühren in Euro (inkl. Umsatzsatzsteuer) für Städte, Gemeinden, Landkreise und Regionen

Einwohner:innen	Klima-Bündnis-Mitglied	Nichtmitglieder
unter 10.000	430 Euro	575 Euro
10.000 bis 49.999	860 Euro	1.145 Euro
50.000 bis 99.999	1.435 Euro	1.910 Euro
100.000 bis 499.999	2.150 Euro	2.865 Euro
500.000 und mehr	2.865 Euro	3.815 Euro
über Landkreis-/ Regioanmeldung pauschal	205 Euro	270 Euro
Stand: Juni 2022		

Welche Kosten entstehen euch sonst noch?

Natürlich hängt das auch immer davon ab, ob ihr eigene Druckerzeugnisse erstellt, Werbung in Radio oder TV schaltet, ob ihr Plakatwerbung macht und ob ihr eine Veranstaltung plant. Braucht ihr eine Bühne, Moderator:in? Nach meiner Erfahrung reicht eine kleine Lautsprecheranlage oder Bluetoothbox und ein Mikro, oft auch schon ein Megafon. Alles andere habt ihr. *Im Kopf!*

Lohnt sich die Teilnahme überhaupt?

Was für eine Frage?! Ich weiß, dass sich meine Stadt Marl ganz am Anfang auch schwer damit getan hat. Es war am Ende die Hartnäckigkeit der *Wählergemeinschaft DIE GRÜNEN*, die die anderen Politiker:innen vom Sinn der Teilnahme am STADTRADELN überzeugt hat.

Heute nutzt Marl STADTRADELN ganz selbstverständlich als Instrument der Öffentlichkeitsarbeit. Aus der Retrospektive können wir sagen: Es hat sich mehr als gelohnt! Denn STADTRADELN war die Keimzelle unseres *Radentscheids* und damit der Auslöser für das größte Verkehrsinfrastrukturprojekt unserer Stadt für den Radverkehr mit einem Volumen von 64 Millionen Euro bis 2028. Wenn auch der Weg immer noch ein langer ist und wir immer wieder Überzeugungsarbeit leisten müssen, haben SPD und CDU als größte Fraktionen im Stadtrat ihre Verantwortung für eine nachhaltige Verkehrspolitik übernommen. Der Vorsitzende des Stadtplanungsausschusses, Andreas Täuber (SPD), sagte Mitte Juni 2022 anlässlich der Verabschiedung des Teilkonzepts Radverkehr mit dutzenden Maßnahmen für sichere und attraktive Radwege: „Die Mobilität in unserer Stadt verändert sich, das können wir nicht ignorieren. Darum machen wir uns gemeinsam auf den Weg!“

Mein Tipp:

Fragt in den Nachbarkommunen oder im Landkreis nach, ob ihr nicht gemeinsam antreten wollt. Das macht die Öffentlichkeitsarbeit einfacher und ermöglicht zum Beispiel den gemeinsamen Druck von Bannern, Flyern und Werbung, was dann oft kostengünstiger ist.

So meldet ihr euch als Kommune oder Gemeinde an:

Städte, die beim STADTRADELN mitmachen wollen, wenden sich direkt an das Team des Klima-Bündnisin Frankfurt a.M.

Da sich viele hundert Städte neu anmelden, kann es ein paar Tage dauern, bis sich das Klima-Bündnis bei euch meldet.

Voraussetzung ist eine verbindliche Anmeldung, bei der ihr auch Ansprechpartner:innen benennt. Die Kampagne läuft in der Regel zwischen dem 1. Mai und dem 30. September eines Jahres. Ihr sucht euch einen Aktionszeitraum aus. Theoretisch könnt ihr also auch erst im September starten, so lange ihr die 21 Tage am Stück radeln könnt.

Das Klima-Bündnis will bei der Anmeldung wissen, ob ihr schon Mitglied seid oder einem der Vereine wie der Arbeitsgemeinschaft Fußgänger – und Fahrradfreundlicher Gemeinden, Städte und Kreise angehört. Das sind zum Beispiel die AGFK in Bayern, Rad. SH oder das Zukunftsnetz Mobilität in NRW). Weitere wichtige Infos sind: Einwohnerzahl, Anzahl der Leute in eurem Kommunalparlament und ob ihr die Meldeplattform RADar! nutzen wollt.

Unterstützung in allen Phasen des Wettbewerbs

STADTRADELN ist inzwischen ein etablierter Wettbewerb, für den das Klima-Bündnis professionelle Vorarbeit geleistet hat. Du findest auf der Internetseite das komplette Rundum-Sorglos-Paket für dich als Koordinator:in. Angefangen bei Checklisten, mit denen Du prüfen kannst, ob ihr den Wettbewerb überhaupt finanziell und personell wuppen könnt. Niemandem ist geholfen, wenn ihr nur halbherzig an die Sache geht. STADTRADELN soll allen Spaß machen – auch dir als Organisator:in vor Ort.

Daher sieh dir bereits vor dem Start das Infopaket an:

- Checklisten
- Formulare

- Textbausteine
- Baustein-Pressemitteilungen
- Fotos für Social-Media und Pressearbeit
- Infomaterial, um bei Stadtspitze, Verwaltung, Politik, Teilnehmenden, Partner:innen und Presse für die Aktion werben zu können

Wenn Deine Stadt bereits am Klimaradeln teilgenommen hat, lass dich von deinen Vorgänger:innen über den üblichen Ablauf informieren. Oft sind schon lokale Routinen entstanden, die gut funktionieren. Teams sind womöglich gut eingespielt. Frag sie, was gut gelaufen ist, und wo ihr noch besser werden könnt. Guck dir vor allem die bereits vorliegenden Unterlagen der vergangenen Jahre an und sieht dir an, was die Presse darüber geschrieben hat.

Was genau ist Deine Aufgabe?

Du bist vor Ort Ansprechpartner:in für das Klima-Bündnis und Kontaktperson für Teilnehmende, Teamcaptains, Presse, Multiplikatoren (u.a. Schulen, Vereine) und Partner (Firmen). Du wirst außerdem sicherlich auch innerhalb der Verwaltung über den aktuellen Stand berichten müssen und in politischen Gremien im Vorfeld den Ablauf vorstellen und am Ende die Frage beantworten müssen: “Wie ist es denn so gelaufen?”

Du wirst auch die Auftakt – und Schlussveranstaltung organisieren und vielleicht sogar moderieren oder entsprechende Leute dafür buchen. Und Du wirst vielleicht einige Veranstaltungen oder Touren organisieren. Jedenfalls wirst du die städtische Unterseite von STADTRADELN mit Infos füttern (Termine, Teamcaptains, Fotos, etc.)

Nachdem Du deine Kommune angemeldet hast, bekommst Du die Zugangsdaten, damit Du dich über den Login-Bereich der www.stadtradeln.de-Seite in die lokale Unterseite einloggen kannst.

Du erinnerst die Radelnden ab jetzt daran, dass sie ihre Kilometer eintragen. Du weist auf die Spielregeln hin und bist für Fairplay mitverantwortlich, also so eine Art virtueller Fahrrad-Sheriff auf dem Drahtesel. Deine Stärken: Fingerspitzengefühl, Geduld und Humor – so wirst du das wuppen. Ein Beispiel: Manchmal tragen einzelne Radfahrende oder Gruppen ihre Kilometerleistungen erst kurz vor Ende des Wettbewerbs ein. Andere, die tagesaktuell ihre Ergebnisse tracken und im Rahmen des Wettbewerbs immer genau wissen wollen, wo sie stehen, empfinden das manchmal als Enttäuschung, wenn sie von anderen plötzlich überholt werden, die auf einen Schlag überraschend hunderte oder sogar tausende Kilometer nachtragen. Das ist aber erlaubt. Dennoch kann ich die Enttäuschung verstehen. Ich vergleiche das mit einer Fußballsaison. Wenn das bislang letztplatzierte Team am letzten Spieltag plötzlich an dir vorbeizieht, kann das demotivierend sein. Wenn dir dieser Punkt wichtig ist, kannst Du das ja zu Beginn mal fallen lassen.

Natürlich ist es auch wichtig, neu angemeldete Teams und Personen sowie die Teamcaptains zu prüfen. Sind die Namen und Texte einwandfrei oder gibt es anstößige oder rechtlich bedenkliche Äußerungen?

Wenn Teilnehmende ohne Computer oder Smartphone ihre erradelten Kilometer auf Papier einreichen, musst Du natürlich für sie eigene Accounts anlegen und die Strecken für sie stellvertretend eintippen.

Bei Durchsicht der Teams solltest Du auch die Schulen, Firmen oder Vereine den entsprechenden Sonderkategorien zuordnen, denn auch dort gibt es ja Sonderauswertungen und Preise, die gewonnen werden können.

Da Fairplay wichtig ist, solltest Du Ausreißer-Einträge hinterfragen und mal ruhig nachhaken, wie die Kilometer zustande gekommen sind. Das gilt auch für Leute, die nicht angegeben haben, dass sie für die ganze Familie eintragen und durch hohe Kilometerzahlen auffallen. Das führt zu Verärgerung innerhalb der Teams.

Mit Blick auf die Sonderkategorie "Fahrradaktivstes Parlament" ist es wichtig, dass Du auch überprüfst, ob die Parlamentarier auch wirklich mit Stimmrecht im Stadtparlament vertreten sind. Eine solche Liste findest Du in der Regel über die städtische Internetseite im Ratsinformationssystem. Das ist wichtig, damit die Quote der angemeldeten Parlamentarier:innen stimmt.

Wenn deine Kommune RADar! nutzt, prüfe die eingehenden Meldungen bitte immer zeitnah, kommentiere sie, damit die User sich ernst genommen fühlen und leite die zu bearbeiteten Meldungen an die zuständigen Stellen der Stadtverwaltung weiter.

Wenn Du die Einträge auf der Unterseite überprüfst, fallen dir manchmal Zahlendreher oder Rechtschreibfehler auf. Korrigiere sie. Als Ansprechpartner:in für die lokale Presse informierst Du über alle Aktionen, die spannend sein könnten. Vor allem über die Auftakt, Zwischen – und Endveranstaltung. Wenn Du eigene Meldungen machst, klopfe auch den Teams auf die Schulter, erwähne Gruppen, Vereine, Teamnamen und versuche das möglichst gerecht zu tun, damit sich niemand vergessen fühlt. Da Du nicht alle nennen kannst, reicht es, wenn Du zum Beispiel sagst: „Wow, so viele Schulen und Unternehmen sind dabei..."

ABLAUF KOMMUNEN

- Du meldest deine Kommune an (z.B. nach Ratsbeschluss oder Auftrag durch Stadtspitze)
- STADTRADELN schaltet eure Kommune frei
- Ihr füllt die lokale Unterseite aus mit Ansprechpartner:innen, Starttermin der Kampagne bei euch und ersten Terminen
- Start eurer Öffentlichkeitsarbeit (Presse / städtische Internetseite / Social Media Kanäle / persönliche Ansprache bei Veranstaltungen, Rats – oder Ausschuss-Sitzungen, u.a.)
- Pressearbeit mit Countdown bis zum Start
- Am Starttag öffentliche Aktion (z.B. gemeinsames Losradeln)

- Pressearbeit zu einzelnen Terminen / Berichte in Social Media mit Hinweisen auf Veranstaltungen
- Halbzeitbilanz
- Hinweis auf den "Endspurt"
- Gemeinsame letzte Aktion mit Einladung an alle Teilnehmenden
- Bilanz auf lokaler Ebene (wie viele Teilnehmende, wie viel Mal um die Erde? Wie viel CO2 vermieden? Erfahrungsberichte STADTRADELN-Stars oder von (Ober-)Bürgermeister:in und anderen Verwaltungsmitarbeitenden, Schulen, Vereinen
- Erfahrungen aus dem Wettbewerb in politische oder Verwaltungsarbeit einfließen lassen, um Klimaschutz vor Ort zu stärken und mehr für den Umweltverbund (Fußverkehr, Radverkehr, ÖPNV) zu tun.

Partnersuche vor Ort:

Kommunen sollten sich in ihrer Stadt Unterstützung holen. Das können Medienpartner sein wie Zeitungen, Radios, Internet – oder Social Media-Portale oder Werbetreibende. Naheliegend ist die Kooperation mit dem örtlichen Fahrradhandel. Er kann die lokale STADTRADELN-Aktion bei jedem Kunden direkt bewerben und durch Spenden oder Sachspenden mit Preisen für die Sieger:innen der lokalen Aktion unterstützen. Wichtig ist die Unterstützung verwaltungsintern, also zum Beispiel die städtische Presse – und Marketingabteilung, das Amt für Klimaschutz, Kulturamt, Tourismusabteilung, Schulamt. Denn gerade die Schulen sind wichtige Multiplikatoren. Auch die Sport – und Kulturvereine solltest Du an deiner Seite haben, denn sie können eigene Teams bilden und in ihren Reihen die Werbetrommel rühren.

Bei der Vernetzung sind auch Partner wie der Fahrrad-Club (ADFC), der Verkehrsclub Deutschland (VCD) und die Umweltverbände wie NABU, BUND, Naturfreunde Deutschlands wichtig. Damit das Thema *Mobilität der Zukunft* auch die mitnimmt, die es am meisten angeht, würde ich auch die *Fridays for Future* und andere Jugendorganisationen ansprechen. Über die Parteien bekommt ihr Zugang zu deren Jugendabteilungen.

Zur Vorbereitung der Kampagne solltest Du die folgenden Punkte abhaken

- ☐ Kampagne vorbereiten
- ☐ Einverständnis der Kommune eingeholt
- ☐ Personelle und finanzielle Ressourcen geprüft
- ☐ Koordinator:in festgelegt
- ☐ Konzept und Spielregeln sind bekannt
- ☐ STADTRADELN-Newsletter ist abonniert
- ☐ Verbindliche Anmeldung, über Stadt/Gemeinde/Landkreis
- ☐ Sonderkategorien für Teams angegeben
- ☐ Flyer und Poster in Anmeldemaske bestellt
- ☐ Interne und externe Aufgaben verteilt
- ☐ Mit lokalen Akteur:innen vernetzt
- ☐ Thematische Schwerpunkte gesetzt
- ☐ Relevante Zielgruppen und Multiplikator:innen angesprochen
- ☐ Kommunen-Unterseite auf STADTRADELN.de vorbereitet
- ☐ Auftaktveranstaltung organisiert

Mein Tipp:

Abonniert unbedingt den STADTRADELN-Newsletter, der alle vier Wochen erscheint und euch auf dem Laufenden hält. Hier findet ihr zum Beispiel wichtige Termine und Tipps, die sich speziell an die Koordinator:innen vor Ort und Unterstützer richten. Dann seid ihr bestens informiert.

Presse – und Öffentlichkeitsarbeit

Du tust Gutes, daher rede auch drüber!

Sieh dir zunächst die Kampagnenseiten vergleichbarer Städtegröße aus dem Vorjahr an. Du findest auf deren Internetseite oft ein Statement der Stadtspitze oder der zuständigen Leute im Klima-/ Umweltamt. Hier schildern sie, warum sie eigentlich mitmachen und zur Teilnahme aufrufen. Das solltest Du ähnlich machen, nur besser! Denn hier recherchieren gerne die Pressevertreter:innen.

Über deine STADTRADELN-Seite kommunizierst du, wie viele Teams und Teilnehmende auf dem Sattel sitzen. Jahr für Jahr wird diese Zahl wachsen. Genauso wie die Summe der zurückgelegten Kilometer und die Menge des vermiedenen CO_2-Emissionen.

Unabhängig davon, ob Du am Ende zu den prämierten Gemeinden zählst: Deine Gemeinde steht einfach gut da, wenn eine positive Entwicklung zu sehen ist. Das zeigt: Die Stadt hat begriffen, das Radfahren mehr ist als nur eine lustige Radtour am Wochenende. Radfahren ist alternative Fortbewegung im Alltag und aktiver Klimaschutz. Deiner Stadt ist das wichtig! Darum solltest Du diese Seite aktuell halten! Denn eine ungepflegte und unaufgeräumte Seite könnte als halbherziges Engagement interpretiert werden.

Manche Städte nutzen dieses wichtige Marketinginstrument leider nicht und vergeben damit die Chance zur Selbstdarstellung. Das ist für mich wie eine gebuchte Plakatwand, auf die man aber kein Plakat klebt. Dabei könnten hier im Handumdrehen Unternehmen, Partner und Teilnehmende aktiviert und motiviert werden.

Nutze die Entwürfe für die Pressemitteilungen und auch den Foto-Pool, den dir das Klima-Bündnis zur Verfügung stellt. Beachte bitte die Copyright-Hinweise. Dann können sie endlich beginnen, die *Klimaradeln-Medien-Festspiele* für deine Stadt.

Ideenkiste:

- (Ober-)bürgermeister:in fährt mit
- Parteien fahren mit
- X Schulen sind dabei
- Werbegemeinschaft macht PIT-STOP für Radfahrende
- Rabatt in lokalem Einzelhandel und Gastronomie für Radler
- Fahrradhandel
- Partnerstädte zum Mitmachen einladen

Werner Arndt ist Bürgermeister der Stadt Marl

Der Bürgermeister der Stadt Marl, Werner Arndt, lässt uns für das STADTRADELN-Buch auch gleich einmal in seine Ideenkiste gucken und liefert sogar einen Formulierungsvorschlag mit:

„Liebe Bürgermeister:innen der Partnerstädte von Marl,

hiermit lade ich Sie herzlich ein zum diesjährigen „City-Cycling" in unsere schöne Stadt. Lassen Sie uns im direkten Wettbewerb gegeneinander aber allesamt miteinander für mehr nachhaltige Mobilität in die Pedale treten. „City-Cycling" kann eine internationale Brücke schlagen und die freundschaftlichen Beziehungen zwischen unseren Städten weiter vertiefen. Also: machen Sie mit – für ein besseres Klima weltweit!"

An diesen Zeitpunkten kannst du dich orientieren	
Anfang des Jahres	Wir gehen auch in diesem Jahr beim STADTRADELN an den Start. Vom ... bis ... heißt es wieder ...
Vier Wochen vorher	In einem Monat startet ...
Kurz vorher	An diesem Wochenende geht es los ...
Am Tag selbst	Heute startet...

Wann mit der „Werbung“ anfangen?

Nimm frühzeitig Kontakt zur Presse auf, um über deine Pläne zu informieren. Die Redaktionen vor Ort werden gerne über STADTRADELN berichten. Dazu lieferst Du ihnen alle wichtigen Infos: Die lokale Presseinfo über Zahl der Teams und Teilnehmenden, Statements der Stadtspitze.

Garniere das mit spannenden Geschichten der STADTRADELN-Stars, die drei Wochen lang den Wagen stehen lassen und so oft wie möglich mit dem Fahrrad unterwegs sind. Das sind die wahren Klimaheld:innen deiner Stadt. Sie berichten in ihrem Blog über ihre Erfahrungen. Das sind Steilvorlagen für deine Pressearbeit und die Redaktionen selbst. Dazu suchst Du dir mit zeitlichem Vorlauf Leute, die als STADTRADELN-Stars mitmachen. Möglichst nicht mehr als fünf, damit sie sich nicht gegenseitig die Medienbutter vom Brot nehmen und die Radfahrenden die ganze Aufmerksamkeit der Medien auf sich ziehen können. Wenn Du einen guten Draht zu den Redaktionen hast, schlag ihnen vor, dass sie doch STADTRADELN-Reporter auf die Reise schicken können, die aus eigener Sicht den Wettbewerb begleiten. So habe ich es in meiner Zeit für den WDR gemacht und regelmäßig als radelnder Reporter für WDR2, WDR4 und WDR5 berichtet. Die Königsklasse: Motiviere die Redaktionen mit einem eigenen Team mitzuradeln! Der Berliner Radiosender *rbb 88.8* mit seinem sehr fahrradbegeisterten Moderator Alex Schurig ist da ein wahrer Meister.

Journalist:innen finden immer spannende Ansätze. Hier ein paar redaktionelle Ideen, die Du für deine eigene Berichterstattung nutzen kannst. Die Liste lässt sich problemlos erweitern.

- Wer sind die STADTRADELN-Stars, warum machen sie mit, wie geht es ihnen vor dem Start, nach der ersten und zweiten Woche oder nach dem Wettbewerb?
- Was möchte die Stadt mit STADTRADELN bewirken?
- Welche konkreten Maßnahmen für Radverkehrsförderung gibt es schon?
- Tipps für Radfahrende
- Bilanz von Kommune, wie Teams und STADTRADELN-Stars
- Was muss jetzt in der Stadt passieren, um Radverkehr stärker zu fördern?

Social Media

Hier kannst Du regelmäßig über Neuigkeiten berichten: die Zahl der Teilnehmenden, Berichte über die Auftaktveranstaltung, gute Geschichten über Schulen, Firmen und Vereine. Wie viele Leute aus dem Stadt – bzw. Gemeinderat beteiligen sich? Wie war die Auftaktveranstaltung? Wie läuft es nach Woche 1 und 2? Die letzte Woche geht los und das und das steht noch an...

- Wie viele Teilnehmende habt ihr?
- Erzähle, dass noch Leute einsteigen können.
- Nenne beteiligte Schulen, Firmen und Vereine
- Starte Challenges: Knacken wir bis Ende der Woche die ersten x.000 Kilometer?
- Wie gehts den STADTRADELN-Stars?

- Poste Fotos und Videos, denn die sagen mehr als 1.000 Worte
- Beachte bei Fotos an die üblichen Persönlichkeitsrechte, vor allem bei Minderjährigen. Sicherheitshalber die Eltern um schriftliche Erlaubnis bitten

Druckerzeugnisse

- Informiere dich auf *Stadtradeln.de* über Flyer und Plakate
- Hängen die Plakate schon?
- Wo müssen noch Flyer ausgelegt werden?
- Haben die örtlichen Fahrradläden Flyer und drücken sie die auch der Kundschaft fleißig in die Hand?

Die Checkliste "Während der Kampage“

- ☐ Persönliche Zugangsdaten Login-Bereich geprüft
- ☐ Teilnehmende regelmäßig an km-Eintragungen erinnert
- ☐ Neue Teams regelmäßig geprüft
- ☐ Nutzerkonten für Offline-Radelnde angelegt und
- ☐ km-Erfassungsbögen eingesammelt
- ☐ Sonderkategorien markiert
- ☐ Einträge von Ausreißerteams, Einzelpersonen und
- ☐ Parlamentarier:innen sowie Anzahl Radelnde regelmäßig gecheckt
- ☐ RADar!-Meldungen gelesen, kommentiert, deligiert
- ☐ Kommunen-Unterseite regelmäßig aktualisiert
- ☐ STADTRADELN-Meter regelmäßig aktualisiert
- ☐ In lokaler Presse und Sozialen Medien beworben
- ☐ Flyer und Poster verteilt

- ☐ Radelnde per E-Mail mobilisiert
- ☐ An Nachtragefrist erinnert
- ☐ Auf Spielregeln hingewiesen und um Fairplay gebeten
- ☐ Zwischendurch Dankeschön – und Motivations-Mail geschickt

Evaluation

Durch die Rückmeldungen der Teilnehmenden und die Auswertung des Datenmaterials aus *RADar!* erfährst Du, was noch verbessert werden kann. Gib Lob und Kritik an die Stadtspitze und Kommunalpolitik weiter. Werte auch die Presseberichte aus und erstelle eine Schlussdokumentation.

Checkliste „Nach der Kampagne“

- ☐ Einträge abschließend überprüft
- ☐ Parlamentarier:innen-Status überprüft
- ☐ Ergebnisse und Kampagnenende kommuniziert
- ☐ Abschlussveranstaltung organisiert
- ☐ Ergebnisse lokal gesichert und E-Mail-Liste heruntergeladen
- ☐ Kampagnenverlauf evaluiert

Abschlussveranstaltung

STADTRADELN-Wettbewerbe sollten mit einer Abschlussveranstaltung beendet werden. Dabei könnt ihr

- ▶ Urkunden verteilen
- ▶ Geschenke an Sieger:innen überreichen
- ▶ Team-Captains, Mitwirkenden, Sponsoren und Unterstützern sowie den Kommunalpolitiker:innen für ihren Einsatz danken
- ▶ ein offizielles Abschlussfoto machen (für die Presse und eure

Social Media Kanäle, für die städtische Internetseite und vielleicht die Berichterstattung im Stadtrat.)

- den Wettbewerb bilanzieren und – falls schon vorhanden – Ergebnisse der RADar!-App zum Fahraufkommen und gemeldeten Mängeln an der Fahrradinfrastruktur vorstellen
- STADTRADELN-Stars über Erfahrungen berichten lassen
- Video/Fotocollage mit euren STADTRADELN-Momenten
- zur Teilnahme für das nächste Jahr aufrufen

Herzlichen Glückwunsch!

Du hast als Koordinator:in deiner Gemeinde oder Stadt mal wieder oder vielleicht sogar dein erstes STADTRADELN gewuppt und kannst stolz auf dich und dein Team sein. Hoffentlich hast Du trotz der ganzen Arbeit auch Lust bekommen auf mehr.

Dann lass das, was Du begonnen hast, nicht verpuffen! Überlegt gemeinsam, was ihr aus den gesammelten Erfahrungen machen könnt und nehmt jede einzelne Rückmeldung ernst.

- Lasst nicht ein Jahr verstreichen, sondern verankert Rad- und Fußverkehr schon jetzt fest in eurem Verwaltungshandeln. Das hat Strahlkraft nach innen *und* außen.
- Denkt über Diensträder oder Fahrradleasing nach und
- werbt damit in Stellenausschreibungen
- Stellt Fahrradbügel am Rathaus auf, damit Bürger:innen und Mitarbeitende spüren: „Hier bin ich willkommen!"
- Königsklasse: Lasst euch wie andere Verwaltungen als *Fahrradfreundlicher Arbeitgeber* zertifizieren!
- Teilt eure Erfahrungen mit den Lokalpolitiker:innen in einer der nächsten Sitzungen und macht schon heute Lust auf die Kampagne im nächsten Jahr...

10. MEIN ERSTES STADTRADELN

Mein erstes STADTRADELN war 2017. Ich war sehr neugierig, denn ich hatte meine eigene kleine Verkehrswende bereits ein halbes Jahr zuvor angestoßen.

Folgendes war passiert:

Im Herbst/Winter 2016 konnte ich den allmorgendlichen Stau im Berufsverkehr einfach nicht länger ertragen. Eines Morgens saß ich wieder im Auto und brauchte für die 28 Km zur Arbeit anderthalb Stunden. Ich stand wieder mitten in dieser *Stop-and-No-Go-Blechkarawane* und fühlte mich wie ein Gefangener, der seine Lebenszeit in einer Einzelzelle auf Rädern verbrannte. Unzählige Male hatte ich mir schon ausgemalt, wie ich sonst zur Arbeit hätte kommen können. Der ÖPNV allein war jedenfalls wegen der schlechten Anbindung für mich damals keine Alternative, wie ich schon festgestellt hatte:

Mit Bus und Bahn brauchte ich für die 28 Km im Schnitt anderthalb Stunden. Dabei musste ich zu bestimmten Uhrzeiten im Extremfall sieben Verkehrsträger nutzten und vier Mal umsteigen. Nach einer zehnminütigen Fahrt mit meinem Rad zur Bushaltestelle schlossen sich die Weiterfahrt mit dem SB 25, der RB 43, Straßenbahn 301, SB 36, U11 und ein dreiminütiger Fußmarsch an. Ich habe diese Strecke mal nachgezeichnet und nenne sie die *Süße-Katze-auf-der-Mauer-mit-wedelndem-Schwanz-Tour.* Ehrlich gesagt, habe ich sie mir nur zweimal gegeben, weil ich hinterher feststellte, dass meine Laune nach anderthalb Stunden mit vier Mal umsteigen und zusätzlicher Radtour und Fußmarsch sogar noch schlechter ist, als nach anderthalb Stunden *Stop-and-No-Go-Blechlawinen-No-Quality-Time.* Beides nicht *Luxus-pur!*

Der Auslöser für *meine eigene kleine Verkehrswende* war der folgende Moment: Die Verkehrsnachrichten liefen und ich hatte gerade frustriert feststellen müssen, dass ich zwar erneut 20 Minuten verloren hatte, aber es mal wieder nicht mal für die unteren Tabellenplätze in den Stau-Charts gereicht hatte. Denn meine Leidensgenoss:innen in den Fahrzeugen vor, neben und hinter mir und ich selbst waren nur Bestandteil eines nicht nennenswerten *zäh fließenden Verkehrs*, der es mit anderem, also richtigem Zähfließendem oder sogar *echten Staus* kmmäßig nicht mithalten konnte. Während ich also wie so oft frustriert den meditativ wirkenden Wischwasch-Bewegungen meines Scheibenwischers folgte, dabei die Regentropfen zählte und vor mir bis zum Horizont die Bremslichter wie auf eine Perlenkette geschnürt wirkten, hatte ich eine Erscheinung: Zunächst sah es nur aus wie ein zu vernachlässigendes gelbes Etwas, das aus der Dunkelheit auftauchte und rechts an mir vorbei düste. Es war ein Radfahrer in gelben Regenklamotten! Er trotzte nicht nur dem Regen, sondern bewegte seine Beine so schnell, gleichmäßig und rund, dass er uns geradezu als *Stauvieh* verhöhnte. Bedingt durch meinen Stillstand wirkte sein Vorankommen wie Lichtgeschwindigkeit auf mich. So war der mobile Spuk innerhalb weniger Sekunden vorbei, denn er verschwand hinter den Fahrzeugdächern größerer Fahrzeuge aus meinem Blickfeld.

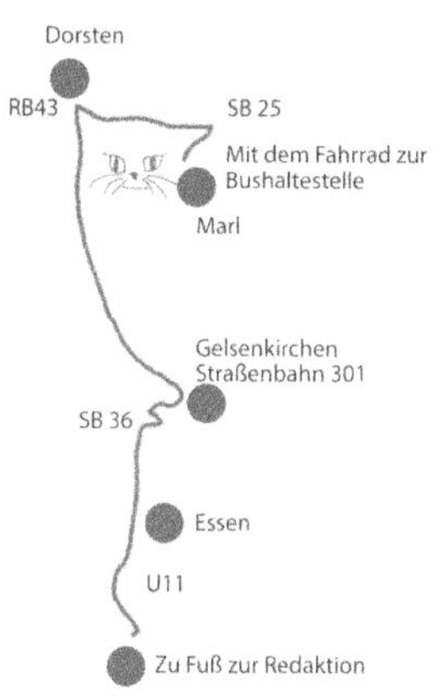

Das wollte ich auch!

Ich hatte zwar viele Jahre nicht mehr auf meinem Fahrrad gesessen, aber ich fasste den Beschluss, mir ein E-Bike zu mieten und so schnell wie möglich ebenfalls dem Stau ein „*Ciao!*" zuzurufen und einfach dran vorbei zufahren.

Schon am nächsten Tag ließ ich mich von Nicole, Merle und Marieke ins 35 Km entfernte Bochum bringen und vor einem Laden für E-Bikes absetzen. Ich muss zugeben: Damals wusste ich noch gar nicht, dass E-Bikes gar keine sind. Denn richtige E-Bikes fahren ohne zu treten. Ich meinte aber ein *Pedelec*, also ein elektrisch unterstütztes Fahrrad, das dir elektrischen Rückenwind gibt, wenn Du in die Pedale trittst und erst bei einer Geschwindigkeit von 25 km/h den Motor abregelt.

Jedenfalls begann mein vierwöchiger Hardcore-Test im knackigen November. Ich wurde einige Male nass bis auf die Haut, weil sich auf den langen Fahrten der heftige Regen nach und nach durch meine damals noch nicht hochwertigen Regenklamotten fraß. Einmal wurde ich bei einem Temperatursturz auf - 5 Grad Celsius sozusagen schockgefrostet.

Trotz des schlechten Wetters überwog das Gefühl von Freiheit und Zufriedenheit. Denn für die Strecke zur Arbeit brauchte ich nun immer um die 70 Minuten. Oft war ich aber bewusst länger unterwegs, weil ich mir schönere Strecken aussuchte. Nebenstrecken ohne viel Autoverkehr, schöne Wege durch Parks, Grünanlagen oder am Kanal entlang. Bei aller Freude hatte ich aber auch schon in den ersten vier Wochen eine Handvoll Nahtoderfahrungen. Denn Autos kamen mir mehrfach so nah, dass sie mich fast zu Fall gebracht hätten. Unachtsam geöffnete Autotüren wurden zur Gefahr, einmal riss sich ein Hund los, so dass ich bei voller Fahrt vom Hochbord des Radwegs auf die Fahrbahn ausweichen musste und fast von einem nachfolgenden Pkw überfahren worden wäre.

Zweimal musste ich während meines Selbsttests mit Prellungen, Schürfwunden und Blutergüssen in die Unfallambulanz. Als mir eine Autofahrerin die Vorfahrt genommen und mich zu Sturz gebracht hatte, kannten sie mich schon in der Notaufnahme des Marienhospitals in Marl und der Pfleger begrüßte michschon mit Namen: Er hatte meinen Bericht bereits auf *WDR2* im Radio gehört.

Nicht das Radfahren an sich ist gefährlich, sondern die mangelhafte Infrastruktur:

- nicht vorhandene Radwege,
- kaputte oder zu schmale Oberflächen mit Wurzelaufbrüchen,
- die durch parkende Autos auf mich verdeckte Sicht,
- sich plötzlich öffnende Autotüren,
- zugeparkte Radwege,
- Slalom-Parcours auf Radwegen mit Hindernissen (Laternenmasten, Mülltonnen und Sperrmüll).
- Falschparker
- zu geringe Überholabstände

Doch unterm Strich überwiegen die Vorteile:

Mit dem Fahrrad kann ich schnell und unkompliziert Dinge in der Stadt erledigen.

- Radfahren verbraucht keine fossilen Brennstoffe (aber Kalorien!), stößt keine Schadstoffe aus, ist zudem leise, kostengünstig, unkompliziert, für alle Altersgruppen geeignet und benötigt beim Abstellen nur wenig Platz.
- Das Fahrrad schenkt mir die Bewegung, die mir als beruflicher Schreibtischtäter mit überwiegend sitzender Tätigkeit sonst fehlt.
- Es macht mir Freude, weil ich meine Stadt mit allen Sinnen

wahrnehme: Je nach Jahreszeit freue ich mich über die Düfte der Blüten und wie toll Parks und Wälder riechen, wenn es geregnet hat. Auch die Farbe der Blätter ist für mich inspirierend, vor allem, wenn im Mai in Alleen die Bäume ihre Äste, Zweige und Blätter fast schon schützend über mich halten. Und der Gesang der Vögel tut mir auch gut, obwohl er häufig vom Verkehrslärm übertönt wird.

> **„Ich mache die Kerzen auf dem Geburtstags-kuchen meiner Kinder ja auch nicht mit dem Flammenwerfer an…**

- Radfahren ist kommunikativ: mit anderen unterwegs oder an roten Ampeln mit Autofahrenden oder Zufußgehenden.
- Radfahren ist witzig: Ich hole an fast jeder Ampel die Autofahrenden ein. Manchmal lachen sie sich selber darüber kaputt und geben mir eine Daumen hoch. Andere sind beleidigt, vermeiden Blickkontakt und jagen bei Grün mit heulendem Motor davon. Bis wir uns an der nächsten Ampel wieder sehen… ;)
- Außerdem ist Radfahren cool. Du kannst dein Rad, deine neue Schuhe, dein schickes Cappy und deine neuen Klamotten präsentieren. Deine Stadt ist der längste Catwalk der Welt.

Mein Mobilitätsverhalten: Ich wollte es einfach verstehen

Mir persönlich wurde durch STADTRADELN klar, wie unglaublich autoabhängig ich mich gemacht hatte. Ich machte alles mit dem Auto und verbrachte dort täglich mehr Zeit als in meinem Wohnzimmer.

Heute ist es für mich kaum noch vorstellbar, wie selbstverständlich ich in die Karre hüpfte, um nur eben mal eine Tüte Brötchen zu holen. Oder kurz zum Supermarkt, weil ich beim Einkauf zuvor die Tomaten vergessen hatte. Jedenfalls legte ich mehrmals am Tag kurze Distanzen zurück, für die ich ein tonnenschweres Fahrzeug nutzte, das das etwa 2500-fache der zu transportierenden Ware wog. Und der Motor war garantiert noch nicht mal warm, wenn ich auf dem kostenlosen Parkplatz direkt vor dem Geschäft einparkte.

Seit ich mich mit dem Radfahren beschäftigte, wirkte meine bisherige Autonutzung so was von unwirtschaftlich und absurd auf mich. Ich fragte mich, warum ich nicht schon früher auf den Trichter gekommen war. Mir war klar, dass das Auto für manche ältere Menschen oder Personen mit körperlichen Einschränkungen selbst auf kurzen Distanzen alternativlos ist. Und dass es für Menschen im ländlichen Raum mit nicht vorhandener oder schlecht ausgebauter Fahrrad- und ÖPNV-Infrastruktur oft auch keine Alternative zum Auto gibt.

STADTRADELN lässt tief blicken: in Dein Mobi-Verhalten

Radfahren war plötzlich für mich eine neue Leidenschaft. Es gab kaum einen Tag, an dem ich nicht Fahrrad fuhr. Für mich war es längst mehr als eine Fahrradtour. Es war *Fahrradfahren*. Es war *Bewegung*. Es war für mich plötzlich normal. *Es war atmen*.

Und wo ich jetzt die Windschutzscheibenperspektive verlassen hatte, entdeckte ich die Knackpunkte. So wurde STADTRADELN und meine eigene kleine Verkehrswende letztlich *eine große Verkehrswende,* die von meinen Radentscheid-Freunden und mir ausgegangen ist. Das macht mich stolz. Denn wir helfen tausenden Kindern, die so früh wie möglich aufs Fahrrad gehören und auf vorbildlicht ausgebauten Radwegen selbstbestimmt unterwegs sein wollen. Und auch den Senior:innen, die so lang wie möglich selbstständig mit dem Rad unterwegs sein wollen.

STADTRADELN-STAR

Auszug aus meinem Blog

Tag 1

Samstag, 25.05.2019

Heute geht es also los: STADTRADELN 2019! Ich bin zum dritten Mal dabei - wieder als Team-Captain von „Tour de Rennbach“. Doch etwas ist diesmal anders: Ich bin „STADTRADELN-START“. Das heißt, ich lasse meinen Wagen die ganze Aktion lang stehen. 21 Tage ohne Auto. Wie wird das klappen? Ich bin auf meine Erfahrungen gespannt und werde hier weiter berichten.

Meine erste Tour startet am Marler Rathaus und führt zum Revierpark Nienhausen in Gelsenkirchen. Dort findet die zentrale Auftaktveranstaltung für das STADTRADELN der *Metropole Ruhr* statt. Etwa 20 Städte machen ja diesmal mit und wollen zeigen, dass viele Wege in der Stadt auch mit dem Rad machbar sind. Die Marler Baudezernentin Andrea Baudek und der Klimaschutzmanager begleiten uns.

Aus meinem Team sind drei Leute dabei, was mich sehr freut. Darunter Freddy Schoknecht, der sich extra ein neues Fahrrad gekauft hat, um in meinem Team mit zu radeln. Als er hört, dass die heutige Strecke länger werden könnte, verschwindet er. *Na, super!,* denke ich. *Das ist ja ein toller Einsatz fürs Klima!* Doch Freddy kommt wieder, hat sich nur schnell eine Radlerhose mit Sitzpolster gekauft. Die Tour geht los, doch wir verfahren uns ständig und haben Pannen. Die Bremse eines Radfahrers blockiert ständige und lässt sich trotz unserer Versuche nicht unterwegs reparieren. Schon der erste Totalausfall. Als wir endlich an unserem Zielort ankommen, ist der offizielle Teil schon vorbei. Vermutlich kommt gleich der Besenwagen. Trotzdem: gute Gespräche mit dem Radlerstammtisch Bottrop, dessen Mitglieder sich für die Volksinitiative „Aufbruch Fahrrad“

engagieren. Auch Mirko und Sabine vom ADFC Essen treffe ich wieder, die fleißig Infomaterial verteilen. Aus allen Himmelsrichtungen sind sie gekommen, zum Teil von weit her: aus Dinslaken, Oberhausen, Mülheim, Bochum, Dortmund ... Ich stärke mich mit kostenlosen Äpfeln und einer naturtrüben Schorle für den Rückweg. Da trennen wir uns vom Team der Hintour.

Heinz, Freddy, Kalle und ich cruisen am Rhein-Herne-Kanal entlang, überqueren die Emscher und rasten an der *Zeche Nordstern.* Dort startet Freddy eine Fotosession. Von mir macht er Fotos,die mich wie einen Riesen zeigen. *Das ist gut, lenkt vom Bauch ab!* Zwei damalige WDR-Kolleg:innen, Tanja und Dirk, haben daraus dieses Filmplakat kreiert.

Als ich wieder zuhause bin, muss Freddy noch zehn Km weiter. Er wird am Ende des Tages mehr als 80 Km auf dem Tacho haben.

Nachtrag: 10. Juli 2022: Freddy ist Anfang 2022 gestorben. Viel zu früh. Er ist nicht mehr hier. Aber er ist irgendwie noch da. Sein Lachen, seine Energie – und die Früchte seines politischen Engagements für den Umweltschutz in unserer Stadt reifen. Ich denke oft an Freddy, zum Beispiel an das Handyvideo während eines Sturzregens an einem Sommertag. Freddy war natürlich mal wieder mit dem Fahrrad unterwegs und nass bis auf die Haut geworden. „Kumpel, sieh dir das an! Es ist am Schütten! Und ich hab' alles nass. Ich hab' die Hose nass, ich hab' die Jacke nass, ich hab' die Schuhe nass. Ich hab' alles nass. Aber egal, Hauptsache Köln hat gewonnen ....“ Und dabei lacht er von ganzem Herzen, dass ich auch nicht anders kann. Freddys Lachen war ansteckend und tat gut. Danke, Freddy! Die Zeit mit dir war viel zu kurz, aber ich bin froh, dass ich dich kennenlernen durfte. Du warst immer da, wenn wir dich brauchten – und daher hast auch Du einen Anteil am Erfolg des Radentscheids.

Tag 2

Sonntag, 26.05.2019

Heute ist Europawahltag. Ganz Europa ist auf den Beinen. Wir wollen auch gleich ins Wahllokal, aber zuerst zur Kirche. Heute kommen acht Jungen zur 1. Heiligen Kommunion. In ihren Anzügen sehen sie aus wie kleine Männer. Ich muss schmunzeln. Bei meiner Kommunion habe ich auf allen Gruppenfotos der Festgesellschaft still und leise meinen Protest gegen den Anzug- und Krawattenzwang ausgedrückt: durch Schielen! Der Fotograf hat es bei der Vielzahl der Leute nicht gemerkt. Da es in den 1970er-Jahren noch keine digitale Fotobearbeitung gab, war die Überraschung groß, als die für die Dankesschreiben sehnsüchtig erwarteten Fotos nach Tagen aus der Entwicklung kamen. (Ja, man musste damals *Geduld* haben!) Für die Danksagungen konnte keines der Fotos genommen werden. Die Jungen von heute schielen nicht.

Anschließend fahren wir rüber zur Overbergschule, wo wir für die bevorstehende Fahrradprüfung von Marieke üben wollen. Merle, unsere Große, erwartet uns schon auf ihrem Hollandrad. Mama und große Schwester sind die Trainerinnen, *„Papa Du darfst Hindernisse spielen und musst im Weg stehen“*, erläutern mir die Kinder meine Rolle.

„Das kann er gut“, sagt meine Frau und schickt mich auf meine Position am Straßenrand.

Nachdem ich mein Talent bewiesen habe, geht es weiter ins Wahllokal. Da muss ich zum Glück nur Kreuzchen machen und nicht im Weg stehen. Bereits am Mittag ist die Wahlbeteiligung hoch. Nicole und ich schmuggeln unsere Kinder mit in die Wahlkabine und lassen sie unsere Kreuze machen. Der Vorsteher des Wahllokals hat gesehen, dass unter meiner Wahlkabine zwei Beine zu viel zu sehen waren und schüttelt den Kopf. Vermutlich hält er mich jetzt auch für ein Hindernis. Höchste Zeit, mich zu verdünnisieren.

Wir radeln die zwei Km nach Hause über die Landstraße L601, an der es weder Geh- noch Radweg gibt. Zum Glück hat ein Landwirt hier in Eigeninitiative mit Marler Firmen auf seinem Feld schon mal rund 100 Meter Bürgerradweg gebaut, damit seine Kinder sicher die Bushaltestelle erreichen. Prima, dass alle den Weg nutzen können. Doch von hier haben wir noch rund einen Km bis zu unserem Haus an der gefährlichen Landstraße lang. Oder alternativ über Feldwege etwa 1,4 Km. Das macht man, wenn man Zeit hat, aber nicht im Alltag mit Terminen. Da willst du auf direktem Weg ans Ziel kommen. Außerdem wollen wir im Hofladen meines Cousins Andreas und seiner Frau Dorothee in Dorsten Altendorf-Ulfkotte noch frischen Spargel kaufen. Eine mehrere Meter große Monster-Erdbeere begrüßt uns an der Straße neben dem Schild www.hof-vortmann.de Es duftet süß vom Feld: Die Erdbeersaison steht kurz bevor.

Zuhause spielt Marieke *Europawahl*. Sie bastelt eine Wahlkabine aus Pappe und denkt sich einen eigenen Werbespot aus. Sie ist sauer,

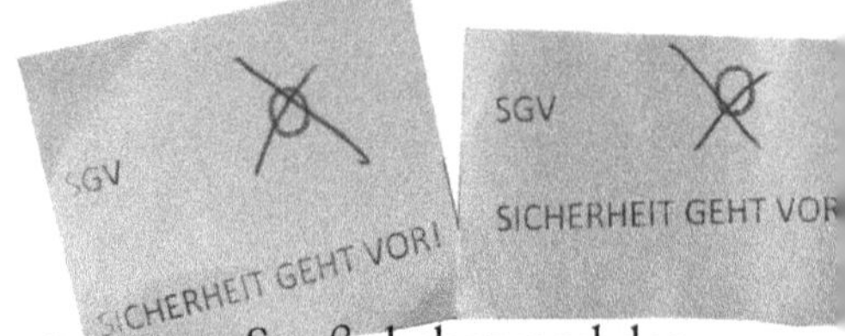

dass wir keinen Geh- und Radweg an unserer Straße haben und der Schulbus nicht mehr fährt. Ihre Partei heißt SGV und das steht für „Sicherheit geht vor!" Ich bin begeistert, womit sich Neunjährige heutzutage beschäftigen.

Selbst einen Stimmzettel hat sie gebastelt. Die Wahl fällt leicht, denn es gibt nur eine Partei: Die SGV. Auch die große Schwester Merle darf heute – ausnahmsweise – schon in die Pappwahlkabine. Damit richtig was im Pappkarton, äh, in der Wahlurne ist, müssen wir gleich mehrere Kreuze bei der SGV machen und mehrere Wahlscheine abgeben. Das Auszählen müsse sich schließlich lohnen, sagt unsere Kleine. Wenn es nach Marieke geht, dürften Jugendliche ab 16 immer wählen. Wenn es die SGV ist, versteht sich.

Nachmittags ist es bedeckt. Ich treffe mich mit meinem Freund und Nachbarn Ralf alias *Der Onkel mit dem großen Zeh*. Wir drahteseln unsere Lieblingstour: Die *Zechen-Pommes-Küken-Tour*. Wir folgen dem Lippedeich und durchqueren die Zechensiedlung in Dorsten-Hervest. Die ehemalige Zeche *Fürst Leopold* beeindruckt uns immer wieder mit ihren Backsteingebäuden. Wo einst die Kumpel malochten und ihre Schmalzstullen mit Feierabendbier runterspülten, servieren heute Kellner:innen Prosecco mit Black-Tiger-Garnelen in einem Hauch Rosmarin und Knoblauch. *Der Onkel* und ich sind kulinarisch überfordert und machen einen Abstecher zum *Glückauf-Grill*, wo Portion und Geschmack stimmen und man bei einem Schluck Limo Ruhrgebietsflair erleben kann. Natürlich in der „Glück-Auf-Straße". „Komisch", philosophiert einer am Nebentisch. „Ist die *einzigste* Straße, die nach einer Pommesbude benannt wurde." Am Ende fahren wir am Ufer des Wesel-Datteln-Kanals zurück und beobachten ein autoritäres Entenelternpaar, das seinen Küken den Freischwimmer reinprügeln will.

Die Sonne kommt raus.

Das Leben ist schön. Radeln ist Freiheit!

Tag 3

Montag, 27.05.2019

„Montag ist Schontag“, lautet ein altes Sprichwort. Gilt aber nicht für mich. Ich muss beim Sender in Essen und bereits um fünf Uhr am Schreibtisch sitzen. Es sind rund 28 Km mit dem Wagen, um diese Zeit dauert das etwa 35 Minuten. Ich darf aber nicht mit dem Wagen fahren. Darum meldet sich mein Wecker um 2:55 Uhr. Nach einer Katzenwäsche frühstücke ich meinen Joghurt mit Beeren und schwinge mich um 3:30 Uhr aufs Pedelec. Die Strecke mit meinem alten Rad ohne elektrischen Rückenwind - nicht um diese Zeit. Außerdem bin ich Radiojournalist und um 6.30 Uhr muss die erste Sendung laufen. Ich fasse die Ergebnisse der Europawahl an Rhein und Ruhr für WDR2 zusammen. Da sollte ich nicht mit Schnappatmung auf einem Feldweg liegen ...

Weil sie im Wetterbericht Regen bis fünf Uhr angesagt haben, ziehe ich meine Regenklamotten an. Doch schon bevor ich das Haus verlasse, läuft mir das Wasser am Körper runter, als hätte ich mich wie eine Roulade in Frischhaltefolie eingewickelt. Also gurke ich durch die ländliche Dunkelheit fehlender Straßenlaternen und lerne beim unfreiwilligen Schlaglochparcours das Headbangen. Mir geht das herz auf, als ich nach vier Kmn den erleuchteten Polsumer Kirchturm sehe. Dann gehts weiter über Gelsenkirchen-Scholven, vorbei an der Fachhochschule Gelsenkirchen, wo schon „etwas Sonnenaufgang“ am Horiozont hinter der ehemaligen *Zeche Hugo* erkennbar ist. Ich strample durch Schaffrath, überquere die Brücke der A2, die noch im Tiefschlaf liegt und habe fast die Hälfte der Strecke geschafft. Am *Schloss Horst* in Gelsenkirchen biege ich auf die Altenessener Straße. Die muss ich jetzt noch zehn Km folgen. Gelsenkirchen bringt es fertig, dass ich an einer Kreuzung als Radfahrender über zwei Verkehrsinseln übersetzen und zweimal Bettelampeln bedienen muss.

Das Ortsschild „Essen Karnapp“ nenne ich „Kopf ab!“, denn es hängt so niedrig, dass ich mich nicht traue, mich im Sattel aufzurichten, um meinen etwas strapaziertes Sitzfleisch einen Moment Erholung zu gönnen. Immer wieder herrlich, wie Fahrrad-Infrastruktur sich pünktlich ab einem Ortsschild verändern kann. Es geht also noch schlechter. Aufgebrochene Wurzeln, zu schmale Radwege, die diesen Namen nicht verdienen, zu nah parkende Autos und von rechts einmündende Straßen, deren Haltlinien für Autofahrende wie vom Winde verweht oder vom Regen ausgewaschen scheinen.

Dann erreiche ich die Essener Innenstadt. Nur ein einsamer Fahrradfahrer ist außer mir um diese Zeit unterwegs: Mein Spiegelbild in den Schaufenstern auf dem Kennedyplatz. Ich bin nass bis auf die Haut und friere, doch dann bin ich schon am Ziel. Gundi, die Pförtnerin, zögert einen Moment, bevor sie mir mit einem kritischen Blick auf die seltsame nasse Erscheinung mit Signalweste auf dem Fahrrad das Tor zur WDR-Festung öffnet.

Nach der heißen Dusche gehts an die Arbeit: ich fasse den Ausgang der Europawahl an Rhein und Ruhr zusammen.

Und um 12.00 Uhr trete ich die Rückfahrt an.

Mir gefällt die Fahrradstraße, die parallel zur stark befahrenen B224 führt. Das Werbebanner beschreibt für alle, die nicht lesen können, mit Piktogrammen, wer hier Vorrang hat. Manche halten sich dran. Andere direkt auf mich zu.

Auf der Altenessener Straße in Höhe des Bahnhofs bauen sie gerade. Damit es Radfahrenden und Leuten zu Fuß nicht so langweilig wird, haben sie aus Warnbaken einen Hindernisparcours gebaut, der richtig Spaß macht. Schön eng und kurvig und ein wenig bedrohlich. Wer sich so was ausdenkt, belügt sich vermutlich auch bei Selbstgesprächen.

Ein Stückchen weiter setzt sich das Abenteuer fort: Mülltonnen und gelbe Säcke auf dem Radweg sind eine kostenlose Dreingabe für mehr Kurzweile in meinem sonst so entspannten Radfahreralltag.

In Gelsenkirchen-Buer haben sie einen Slalom-Parcours aus Sperrmüll auf dem Radweg aufgebaut. Es wird nie langweilig. Alte Möbel am Straßenrand. Ein Schwarz-Weiß-Foto in einem Holzrahmen fasziniert mich. Fünf Personen sind abgebildet, die vier Männer tragen schwarze Anzüge, wirken etwas steif. Auch die Frau in ihrer Mitte auf einem Stuhl ist ganz in schwarz. Sie trägt eine schwarzes Kleid, das bis zum Kinn verschlossen ist und bis zum Fußboden reicht. Es wirkt sehr alt. Vielleicht bin ich der letzte, der es jemals in Echt sehen wird. Dann kommt die Müllpresse und die Erinnerungen zerknirschen für immer.

Um 13.30 Uhr bin ich wieder in Marl und lege mich eine halbe Stunde hin, bevor es zum nächsten Termin geht. Über die Bahntrasse der ehemaligen Zeche Marl-Brassert erreiche ich die Zechenhalde Brinkfortsheide im zehn Km entfernten Marl-Hamm. Dort treffen sich Vertreter:innen von Stadtverwaltung, RAG-Montan-Immobilien, Sachverständige und Ratsmitglieder. Mitglieder einer Bürgerinitiative wollen Messungen machen. Ein Mitarbeiter des Materialprüfamts NRW wird messen, ob aus der Zechenhalde oder aus dem anliegenden Sickingbach radioaktive Werte zu messen sind. Ich mache meine Interviews und fahre anschließend nach Alt-marl. Dort treffe ich gerade noch die STADTRADELN-Gruppe, der Gemeinde Heilige Edith Stein, die PFARR-RAD-Touren anbietet. Dann gehts nach Hause.

Tag 4

Dienstag, 28.05.2019

„Stadtradeln, es gibt ein Problem!“ Es regnet in Strömen. Meine Frau arbeitet heute bis abends. Sie könnte die Kinder zwar mit dem Wagen zur Schule mitnehmen, aber halt nicht abholen. Ich habe heute Homeoffice-Tag, aber da ich STADTRADELN-STAR-bedingt auf das Auto verzichten muss, kann ich die Kids halt auch nicht abholen.

Fahrradfahren? Ich könnte die Kinder zur Schule bringen? Nein! Draußen regnet es stark, daher möchten die Kinder nicht mit dem Rad fahren. Jetzt rächt es sich, dass vor Jahren gegen unseren Protest der Schulbus für die rund 20 Kinder am Stadtrand gestrichen wurde und auch der Linienbus (287er) eingestellt wurde. Die überwucherte Bushaltestelle direkt gegenüber unserem Haus gibt es zwar heute noch, aber es fährt halt kein Bus mehr. Die nächste Bushaltestelle in Richtung Marl ist etwa 1,5 Km entfernt.

Noch eine Idee: Nicole nimmt die Kinder wie meistens mit dem Auto mit und setzt sie an der Schule ab. Sie nehmen mittags den Bus, ich erwarte sie an der Bushaltestelle und wir drei laufen dann die anderthalb Km an der Landstraße nach Hause. Geht aber nicht, weil es keinen Fußweg gibt und an den Straßenrändern das Gras hüfthoch ist. Wenn es geregnet hat, hast Du sofort nasse Klamotten. Also müssten wir auf der Fahrbahn laufen. Nein, danke!

Also bitten wir meine Schwägerin, die Kinder von der Schule abzuholen und mit dem Wagen her zu bringen. Schon ätzend, dass man ohne Auto vieles nicht machen kann, seit der Schulbus und der Linienbus gestrichen wurden.

Am Nachmittag machen mein Kumpel und ich eine 30-Km-Radtour. Marl / Gelsenkirchen / Gladbeck / Bottrop / Dorsten / Marl. M*ittendrin in Europa*, wie wir den Slogans auf den Ortsschildern sehen. Das Holzkunstwerk „Trojanisches Pferd“ begrüßt uns in Feldhausen. Dann eine kurze Pause an der uralten Linde, ein Foto an Schloss Beck, vorbei am Filmpark und entlang der Gleise nach Dorsten rein. Da gibts ′ne leckere Falafeltasche und ein Bierchen. Dann nach Hause über die Felder, schöner Sonnenuntergang und gute Nacht!

Tag 5

Mittwoch, 29.5. 2019

Mal wieder so ein Schreibtischtag. Da kommt mir die Radtour am späten Nachmittag gerade recht. Ich fahre Richtung Altendorf-Ulfkotte und werde eng von einem Auto überholt. Ich ärgere mich darüber, dass hier kein Radweg ist. Dass einer möglich wäre, haben die Straßenbauer unter Beweis gestellt: Eine breiter asphaltierter Radweg, der einfach irgendwann auftaucht und nach 100 Metern plötzlich einfach unter Gras verschwindet, als habe es ihn nie gegeben. Geht nicht, gibts nicht. Wer will, der kann auch, sagte mein Vater immer. Er hieß Johannes, so wie sein Patenjunge, mein Cousin, der auf dieser geh- und radweglosen Straße als 18-jähriger Radfahrer bei einem tragischen Unfall von einem Auto erfasst und tödlich verunglückt ist.

Auch meine Mutter hatte hier einen schweren Radunfall. Da waren mein Bruder und ich elf und 13. Sie ist von diesem Tag an nie wieder auf das Fahrrad gestiegen.

Meine Tour führt mich an der Schleuse Dorsten vorbei, über die Lippedeiche zur Zechensiedlung Hervest. Eine kurze Rast an der ehemaligen *Zeche Fürst Lepold* und dann gehts zu meinem Lieblings-Falafel-Taschen-Mann. Im Stadtzentrum wird gerade eine Bühne für ein Fest aufgebaut. Ich genieße mein Abendessen an einem der leeren Tische vor der bunten Bühne. Dort probieren sie das Licht aus und machen einen Soundcheck. Nur für mich! Als ich heimkomme, ist schon nach Mitternacht.

Tag 6

Donnerstag, 30.5.2019

Vatertag. Nach dem leckeren Frühstück darf ich aussuchen, was wir heute machen.
Ich: „Radtour!"
Kinder moppern: „Super, da lässt man dich einmal entscheiden und du willst wieder mit dem Rad los ..."

Ich hinterfrage mit Fingerspitzengefühl, ob sie Vatertag haben oder ich. Kinder stimmen zu, dass ich Vatertag habe, also radeln wir los ;)

Der Vater hätte das Anrecht, sich sogar schildkrötengleich in einen Bollerwagen zu legen und von den Kindern ziehen zu lassen. Stattdessen plant er eine grandiose Radtour nach Dorsten von der alle was haben werden.

Dachte ich zu dem Zeitpunkt noch!

Mit Picknick auf dem Lippedeich, Tierheimbesuch, Industriekultur-Visite in der ehemaligen Maschinenhalle der Zeche Fürst Leopold und als kulinarischer Höhepunkt ein leckeres Menü im *Glückauf-Grill* in der urigen Zechensiedlung.

Nachdem wir auf der Anliegerstraße Rennbachstraße von gefühlt tausenden Nicht-Anlieger-Pkw eng überholt werden, müssen wir feststellen, dass die Steinzeit nicht nur die Alpen zu hohen Türmen aufgeschoben hat, sondern auch Spurrillen und Buckelpisten in den Asphalt gefräst hat. Früher war wirklich nicht alles besser!

Es geht durch die tolle *Marler Heide*. Wir genießen die tolle Waldluft und überqueren die Lippe. Das Rauschen des Wassers entspannt uns, bis es übertönt wird von einer Vatertagsgruppe mit Bollerwagen und High-End-Soundanlage: Schlagersongs im Düsenjäger-Dezibel-Bereich.

Am Polderkunstwerk auf dem Lippe-Deich genießen wir von mir geschnippelten Apfel, Kekse und Salzstangen. Ich habe heißen Tee dabei, weil es bedeckt und relativ kalt ist. Vor uns haben feiernde Väter ihren Flüssigkeitshaushalt ausgeglichen und überall Bierdosen liegen lassen. Ist ja auch kein Abfalleimer weit und breit. Meine Töchter sammeln die Pfanddosen ein und „verdoppeln damit ihr Taschengeld“, bemerkt die Große.

Ich lasse mich nicht provozieren und präsentiere ihnen das nächste Highlight meines Vatertags: Das Tierheim! Geschlossen! Die Kinder sind gelangweilt. Ich stelle eine entscheidende Frage: „Wo ist Mama?“

„Mit Andrea im Kino.“

Andrea ist ihre beste Freundin. Soso, offenbar Muttertag.

Mir fällt auf, dass ich kein Portemonnaie dabei habe. Das mit dem lecker Essen im Imbiss fällt flach. Die Kinder verdrehen die

Augen. Ich mache einen Alternativvorschlag, um den Kindern zu zeigen, wie man trotzdem sein Übergewicht halten kann: Ich öffne die Mülltonnendeckel und mache mich auf die Suche nach weiteren Pfanddosen. Meine Töchter diagnostizieren bei mir aus dem Stand pathologische Krankheit.

Die Kleine hat ihr Geld dabei und rettet unseren Tag. Leider ist aber auch das Industriemuseum der Zeche Fürst Leopold heute geschlossen. Und auch der Imbiss.

„Ist halt Feiertag", sagen die Kinder.

Ich armer Vater. Dann zum Lieblings-Döner-Mann und in einer extra langen Tour („Kinder, ich kenn da ´ne Abkürzung!) durch die Natur nach Hause.

Am Nachmittag radeln meine Frau und ich zu ihrem Vater. Vatertag ist auch Schwieger-Vater-Tag. Die große Blume passt sogar in Nicoles Fahrradtasche und übersteht die fünf Km unbeschadet. Eine Vogelscheuche glotzt irritiert, als wollte sie sagen: „Echt beeindruckend, was man alles schaffen kann - ohne Auto!"

Tag 7

Freitag, 31.05.2019

Frühschicht. Der Wecker reißt mich um 2:45 Uhr aus dem Schlaf. Um kurz nach 3 Uhr sitze ich am Frühstückstisch, stochere in meinem Müsli und zähle die Luftblasen, die in meiner Kaffeetasse schwimmen. Wenigstens soll es nicht regnen. Als ich um 3:30 auf mein Pedelec steige, ist es dunkel, aber angenehm warm.

Das monotone Surren des Mittelmotors unter mir versetzt mich fast in Trance. So fliegen Polsum, Gelsenkirchen Scholven, die Fachhochschule Gelsenkirchen, der Stadtteil Schaffrath und das Schloss Horst gefühlt in Lichtgeschwindigkeit an mir vorbei. Kurz vor Essen-Altenessen halte ich auf der Emscher-Brücke, weil die Sonne gerade aufgeht. Tolles Foto um kurz vor 5. Die ersten sind im Ruhrgebiet im Badezimmer und ich bekomme aus dem Abwasserkanal die Volle-Dröhnung-Morgentoilette-Emscher-Luft. Eine halbe Stunde später stehe ich unter der Dusche bei der Arbeit und gehe mit guter Laune und vorerst hellwach an die Arbeit.

Auf dem Rückweg nach Marl erlebe ich drei Beinahe-Unfälle. Autos, die vom Parkplatz fahren und mich auf dem Radweg übersehen. Ein Wagen, der rechts abbiegen will, zwingt mich zur Vollbremsung. Ich hinterlasse gefühlt einen fünf Meter schwarzen Bremsstreifen auf dem Asphalt. Der Fahrer verschwindet einfach, ohne ein Zeichen der Entschuldigung. Bin gerade in Autohasser-Stimmung und ärgere mich, dass einer mit Wohnwagen auf dem Radweg parkt. Bin ja auch Autofahrer. *Also wieder runterkühlen, Ludger!*

Nachmittags mache ich mit Frau und unserer jüngeren Tochter noch eine Radtour zu den „Schweinchen". Wir verfüttern ein paar Brotscheiben, essen dann in Polsum bei der Eisbombe noch ein leckeres Fruchteis. Anschließend weiter durch den angenehm kühlen Wald zur *Burg Lüttinghof*. Pech: Tor wird vor unserer Nase abgeschlossen. Das kennen wir ja schon. Dann ein paar Sonnenuntergangsfotos an einem schönen Kornfeld und zurück nach Hause.

Tag 8

01. 06.2019

Jetzt ist schon eine Woche Stadtradeln rum. Ich habe 341,2 km zurückgelegt. Gut, das war nicht alles Alltag, sondern es waren auch Freizeit-Radtouren dabei. Aber für die meisten Strecken hätte ich sonst wohl den Wagen genommen. Mehr als 48 Kilogramm CO_2habe ich bereits vermieden. Ein Zentner! Puh, das ist eine Menge. Auf der STADTRADELN-Seite kann ich auch checken, wie viele Liter Benzin ich gespart habe: 55,5 Liter und rund 83 Euro. Noch nicht enthalten sind Verschleiß und Parktickets.

Heute nur eine kleinere Tour zur *Burg Lüttinghof* in Gelsenkirchen und dann durch den Wald an der Halde vorbei bis zu den Chemieanlagen in Scholven. Ganz viel Flatterband. Polizeiabsperrung? Ein Verbrechen? Nein, „nur" Eichenprozessionsspinner.

Dann entdecke ich noch ein Pony mit Schüttelfrost. Obwohl die

Sonne wieder knallt, hat man dem Zossen eine Art Ski-Anzug angezogen.

Auf dem Rückweg dann der Schock: im Landschaftsschutzgebiet Rennbach entdecke ich eine riesige wilde Müllhalde. Jemand hat eine Anhängerladung Bauschutt abgekippt. Und das wenige Meter vom „Landschaftsschutzgebiet"-Schild. Bin so sauer, dass ich die Polizei alarmiere und Anzeige erstatte. Die kommt auch raus und macht sich auf die Suche nach der Umweltsau.

Tag 9

02. 06.2019

Heute ist mal eine längere Tour geplant: Marl-Düsseldorf-Marl. Die Volksinitiative „Aufbruch Fahrrad" will die gesammelten Unterschriften für mehr und bessere Radwege der Landesregierung überreichen. 206.687 Menschen aus ganz NRW haben dafür unterschrieben. Ich soll darüber für WDR2 berichten. 14.30 Uhr werde ich live auf Sendung sein.

Sicherheitshalber nehme ich mein Pedelec, denn ich bin spät dran. Als ich mit „Turbo"-Unterstützung in Essen ankomme, ist der Akku schon halb leer. *Das kann ja heiter werden!*

Vor dem Hauptbahnhof warten schon 130 Leute. Bunte Luftballons, Spruchbänder, Fahrräder, Pedelecs, Lastenräder ... Gemeinsam fahren wir über die Hauptstraßen zur *Messe Essen*. Da, wo sonst nur Autos fahren dürfen. Wir machen uns breit, nehmen uns den Platz, der dem Fahrrad fehlt, und fahren als große Gruppe über die breite *Huyssenallee.* Ordner aus dem Team „korken", sichern also die Seitenstraßen, so dass wir im Verband auch bei rot geschlossen über die Kreuzung kommen, sollte die Ampel von Grün auf Gelb und Rot umspringen.

An der Gruga kommen viele hinzu, später noch in Mülheim und Duisburg. Ab da werden wir von der Polizei eskortiert. Hat schon was von *Tour de France*, wie wir durch die Kreisverkehre rollen und Du bis zum Horizont nur Radfahrende siehst ... „*Tour de Rennbach*" *trifft „Tour de France"*, muss ich schmunzeln.

Unterwegs ein Wiedersehen: Jochen, der Mittsiebziger, den ich bei einem Interview am alten Bahnwärterhäuschen in Gelsenkirchen kennengelernt habe, radelt mit weißem Helm und Damenrad. Von da an radeln wir zusammen. Um ihn nicht zu benachteiligen, schalte ich meine elektrische Unterstützung aus. Habe sowieso kaum noch was im Akku und das Ladegerät nicht mitgenommen. Ob wir nach der Demo zusammen vom Landtag zurückfahren ins Ruhrgebiet? Er kenne da eine *Abkürzung*. Ich denke an das, was ich immer eine Abkürzung nenne und muss schmunzeln. Aber Jochen ist ein erfahrener Senior. Er wird sich schon auskennen. „Klar!", sage ich.

Nach der Liveschalte für den Sender kommen wir am Landtag an. Mehr als 5.000 Menschen sind da und feiern die Übergabe der Unterschriften an NRW-Umweltministerin Ursula Heinen-Esser. Als „radelnder Reporter" bin ich ihr schon des Öfteren begegnet. Als „Stadtradeln-Star", das ist neu.

Meine Oberschenkel fühlen sich nach den Strapazen der letzten Tage an wie Stahlbeton und schmerzen. Ich würde es so beschreiben: Die Krämpfe sind so stark, dass sie die Schmerzen aufzufressen scheinen.

Dann gehts für Jochen und mich zurück. Mein Akku ist leere und ich ärgere mich, dass ich das Ladegerät nicht mitgenommen habe. Wir fahren irgendwie anders. Ich bin sauer auf mich, weil ich das Ladegerät nicht mitgenommen habe. Die Strecke führt uns jetzt aber ganz anders. Am Rhein entlang. Ich schimpfe über mich selbst, weil ich mein Ladegerät vergessen habe. Wir machen viele Pausen am Wegesrand. Jochen ist immerhin über 70 und mindestens zwei Dekaden älter als ich. Der Mann muss mit den Kräften haushalten. Als ich mich unüberhörbar verfluche, dass ich mein Akkuladegerät nicht mitgenommen habe, fragt Jochen, ob er mich vielleicht ziehen soll. Es würde ihm nichts ausmachen. Aber mir, Jochen! Ich hätte nämlich jetzt keine Kraft mehr, mich an seinen schmalen Schultern festzukrallen ...

Moer, Duisburg, Oberhausen und Bottrop ziehen sich wie Kaugummi. Kurz vor der Autobahn 2 trennen sich unsere Wege. Kaum haben Jochen und ich uns verabschiedet, ein Zeichen am Himmel. Es ist ein leuchtender Buchstabe eines schottischen Restaurants. Genau das, was ich jetzt um halb 2 morgens brauche. Ich muss was essen. Ich muss was trinken. Auf der Suche nach Geld in meiner Fahrradtasche entdecke ich mein Ladegerät. Ich hatte es die ganze Zeit dabei. Auf einem Klebezettel die Schrift meiner Frau: „Damit es nicht ganz so anstrengend wird." Und ein Herzchen.

Ich bekomme einen Lachkrampf, hole meinen Akku rein und lade ihm am Tisch, während ich mich mit Kaffee, Fritten, Koffeinhaltigem Mischgetränk, Kaffee, Fritten, koffeinhaltigem Mischgetränk und Fritten stärke. Das ist Luxus pur!, wie mein Freund und Nachbar Ralf immer sagt. Nicht Luxus pur! ist, wenn man noch eine etwa einstündige Fahrt nach Hause hat, aber morgens schon wieder ab 6:10 Uhr auf Sendung sein muss. Thema: Der Weltfahrradtag. Mein Redakteur und ich wollen ab fünf Uhr am Telefon nochmal letzte Absprachen treffen. Ich frage mich, ob ich nicht doch eine Ausnahme machen und den Wagen nehmen könnte. Es würde niemand erfahren. *Wenigstens eine klitzeklitzeklitzekleine Ausnahme.* Aber das Engelchen gewinnt. Als ich gegen 2:30 Uhr zuhause eintreffe, fühle ich mich wie Matsche. Ich habe 159 Km bei grausamer Sommerhitze gemacht, den Großteil davon ohne Akku. Ich falle ins Bett und mache gefühlt nur einen Moment die Augen zu. Als ich sie wieder öffne ist bereits ...

Tag 10

03.06.2019

Heute ist *Welttag des Fahrrads.* Man könnte den Tag auch „Hasstag des Weckers" nennen. Denn als er um halb 4 Uhr klingelt, könnte ich glatt noch liegen bleiben. Doch die Arbeit ruft. In diesem Moment könnte ich das Thema Fahrrad verfluchen. Mir steckt die Monstertour des Vortages noch in den Knochen. Meine Waden fühlen sich an wie Stahlbeton, mein Kopf wie Wackelpudding.

Während ich mein Müsli essen und durch das Fenster in die Dunkelheit starre, erhellen grelle Lichter über den Wolken die Nacht. Meine App sagt ein heftiges Gewitter und Starkregen voraus. Mir wird etwas mulmig. Aber ich werde nicht aufgeben! Außerdem bin ich bereits in voller Radlermontur: Regenjacke, Regenhose, Warnweste, Helm, sogar Gamaschen habe ich an und bewege mich wie ein Ritter in Vollmontur schwerfällig zur Haustür.

Wenn man auf dem Rad sitzt, ist es nur noch halb so schwer. Außerdem habe ich keine Alternative. Ein Bus *fährt bei uns ja nicht.* Mein Auto *ist nicht erlaubt.* Und beamen *- geht noch nicht. Leider!*

Als ich die ersten 500 Meter von 28 Kmn hinter mir habe, beginnt ein heftiges Gewitter. Ich denke gar nicht mehr länger nach. Hier – unter den hohen Bäumen – kann ich nicht bleiben. Mit dem Rad nach Essen, das werde ich heute nicht schaffen. Also brettere ich über den von Schlaglöchern und Bodenwellen durchzogenen Leusheider Weg wieder nach Hause. Angsterfüllt, dass mich jeden Moment der Blitz treffen kann. Meine Frau und meine große Tochter stehen in der Tür und erwarten mich. Sie hatten mich angerufen, aber ich hatte das Handy bei dem Gewitter überhört. Schweren Herzens muss ich den Wagen nehmen. Die Todsünde! Das, was ein „Stadtradeln-Star" in den 21 Tagen auf keinen Fall tun sollte. Aber alles andere wäre jetzt unvernünftig und gefährlich. Ja, ich habe gesündigt und einmal den Wagen genommen. Ging nicht anders.

Nach der Arbeit mache ich alles wieder gut: mehr als 60 Km Radtour und die *Auto-km* sind vergessen.

Tag 11

04.06.2019

Wenn man sein Auto so gar nicht vermisst

Heute ist Dienstag. Meine Frau hat heute Urlaub. Das heißt, sie kann die Kinder zur Schule bringen und wieder abholen. Ein Problem weniger als Stadtradler. Ich strample mit der Kleinen zur Overbergschule. Bei gutem Wetter ist das echt klasse. Man kommt durch das Bauerndorf Frentrop, wo es sogar noch Kühe auf der Wiese gibt. Es duftet nach Landwirtschaft. Aber es stinkt auch widerlich rüber von der Firma, die mitten im Landschaftsschutzgebiet täglich 300 Tonnen Schlachtabfälle mit LKW angeliefert bekommt und verarbeitet. Irgendwo müssen halt die Schlachtabfälle hin, sagen die Leute. Das sind so Momente, in denen ich froh bin, dass ich seit 2012 keine tierischen Produkte mehr konsumiere. Mir geht es seitdem besser und ich bin froh, dass ich auch in diesem Punkt etwas für den Klimaschutz mache. Hinzu kommen ja auch noch Probleme mit der vielen Gülle und dem verunreinigten Trinkwasser ... Natürlich gibt es Leute, die anderer Meinung sind, aber das sollen sie ruhig sein. Mir ist es wichtig, nicht nur zu meckern, sondern selbst da etwas zu tun, wo ich was machen kann.

Sobald ich meine Tochter an der Grundschule abgesetzt habe, radle ich weiter zum Seniorenzentrum und besuche meine Mutter. Sie hat einen guten Tag und wir können uns schön unterhalten.

Ab Morgen wird die Anschlussstelle der nahen Autobahn A 52 gesperrt, um die Fahrbahn der B 225 zu sanieren. Dann leiten sie den Verkehr direkt an meiner Haustür vorbei. Das wird hart die nächsten drei Monate. Aber etwas Gutes gibt es doch: Der Schnellbus SB 25 und der Nachtexpress NE3 fahren direkt vor meiner Haustür vorbei. Und die alte Haltestelle, die gegen unseren Protest seit zehn Jahren nicht mehr angefahren wird, hat endlich wieder einen Sinn. Ich rufe die Hotline der *Vestischen Straßenbahnen GmbH* an, soll ber eine Mail schreiben. Mache ich.

Guten Tag,

ich habe eine Frage zur Umleitung des SB 25 und des NE 3 über die L601 (Schachtstraße).

Diese Busse fahren wie ich heute erfahren habe, ab morgen (05.06.2019) drei Monate lang

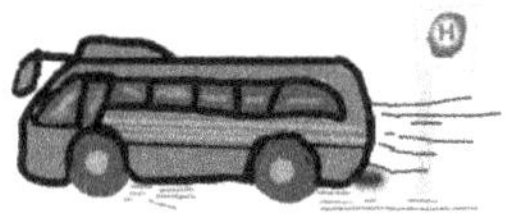

an meiner Haustür vorbei, wo die Haltestelle Leusheider Weg noch vorhanden ist, die leider seit der Einstellung des 287er nicht mehr angefahren wird.

Wäre es möglich, in den nächsten drei Monaten dort zuzusteigen bzw. auch auszusteigen?

Ich habe gesehen, dass Sie auf Ihrer Internetseite „Halten auf Wunsch" anbieten.

Das wäre für uns klasse, zumal für meine Kinder, meine Frau und mich die Haltestelle für den SB 25 und den NE 3 weit entfernt sind und an unserer Straße leider weder Fuß- noch Radweg vorhanden sind, um diese zu erreichen.

Vielen Dank für eine Rückmeldung.

Das wäre zumindest in den nächsten drei Monaten eine gute Lösung. Schon am Nachmittag bekomme ich eine erste Antwort:

Ihre Kundeneingabe - Linien SB25 und NE3

Sehr geehrter Herr Vortmann,

Ihre Frage nach einem Halt an dem Leusheider Weg haben wir an die zuständige Verkehrsplanung weitergeleitet. Bitte haben Sie etwas Geduld. Sobald wir von dort die Stellungnahme erhalten haben, werden wir Ihnen ausführlich antworten.

Mit freundlichen Grüßen
Ihr Kundendialog-Team der Vestischen Straßenbahnen GmbH

Tag 12

05.06.2019

Ab heute läuft die Umleitung direkt über die Schachtstraße (L601) vor unserer Haustür. Wir sind echt geschockt, denn dass es so viele Autos werden, hätten wir nicht gedacht. Alle 20 Minuten fährt auch ein Linienbus vorbei. Sie sind relativ leer, so dass da auch noch ein Plätzchen für mich frei wäre, muss ich schmunzeln. Bin gespannt, wann die Antwort der *Vestischen* kommt.

Nicole muss mit dem Wagen wohin. Sie ruft mich an und erzählt, dass sie gefühlt eine Minute brauchte, bis sie aus unserer Ausfahrt kam und sich in den laufenden Umleitungsverkehr einfädeln konnte. Leider ist das Gras neben der Straße so hoch, dass man nur schwer erkennen kann, ob die Straße frei ist. Eigentlich hätte der Landesbetrieb *Straßen.NRW* das machen müssen, bevor die Umleitung eingerichtet wurde.

Ich bringe Marieke zur Overbergschule und auch wir haben Schwierigkeiten auf die Straße zu kommen. Das hat nichts mit *wollen* zu tun. Die Autofahrer können nicht für uns anhalten, weil es einfach zu viele Fahrzeuge sind. Und sie sind mit mindestens 70 km/h unterwegs. „Jetzt einen Radweg oder wenigstens einen Fußweg haben", denke ich. Als in Richtung Dorsten die Ampel auf rot springt, nutzen wir die Lücke und und wir können auf die Landstraße. Ein Stück weiter beginnt der Markenweg, der nach Osten abbiegt, aber sonst parallel zur Schachtstraße verläuft. Zwar ein Umweg von mehreren hundert Metern, aber für Freizeit-Radtouren geht das. Für uns ist das heute auch ok, denn wir wollen ohnehin nach Alt-Marl, daher stimmt die Richtung.

Anschließend besuche ich meine Mutter und fahre zurück nach Hause. Diesmal über die L601. Es ist einfach unglaublich. Schon früher ärgerte ich mich, dass ich ohne Rad- und Gehweg diese Strecke fahren musste. Aber jetzt merkt man erst mal wie ungeschützt man ist, wenn so viele Fahrzeuge mit 70 Sachen an dir vorbeirauschen. Die allermeisten halten genug Abstand. Es kommt schon fast zu Kollisionen mit dem Gegenverkehr, weil die Autofahrer wegen des jetzt hohen Verkehrsaufkommens hier ja auch überfordert sind. Aber einige fahren so knapp an mir vorbei, dass ich am liebsten eine Kamera mitlaufen lassen würde. Denn so viele Kennzeichen kann ich mir gar nicht merken.

Heute ist die Arbeit an einem Buchprojekt und an verschiedenen Radiobeiträgen vorgesehen. Am Nachmittag mache ich eine entspannte Radfahrt durch die Wälder.

Tag 13

06.06.2019

Mir fällt auf, wie sicher Marieke inzwischen auf dem Rad geworden ist. Knapp eine Woche nach ihrer „Fahrradführerschein-Prüfung" in der Schule macht sie das richtig klasse. Sie weiß, wer Vorfahrt hat und pocht nicht auf ihr Recht. Das ist auch gut, denn an der Rennbachstraße, wo täglich rund 300 LKW zur benachbarten Stinkefirma fahren, nehmen uns viele die Vorfahrt, wenn wir ihnen an dieser Stelle begegnen. Marieke weiß, dass sie Vorfahrt hat, aber es besser ist, erst zu fahren, wenn die LKW halten. Das tun aber nur ganz wenige. Vielleicht denken sie, dass sie auf einer Vorfahrtsstraße sind. Sind sie aber nicht. Ich habe Lust, dort mit Kreide einen Zebrastreifen aufzumalen, auch wenn das die Kreidevorräte der ganzen Republik aufbrauchen würde.

Mittags radle ich nach Hüls. Ich habe einen Interviewtermin mit den Betreibern der „Loe Studios". Es gibt ein Vorgespräch für einen Beitrag für WDR 5, in dem ich mich mit Kinos in Nordrhein-Westfalen befasse. Obwohl ich halb Marl durchquere, geht das relativ schnell. Ich fahre erst mal die Schachtstraße, an der ich wohne, dreieinhalb Km bis zum Gelände der ehemaligen Zeche Brassert. Dort beginnt die Bahntrasse, über die man bequem die Stadtteile Drewer und Hüls erreichen kann. Leider ist es dort recht düster und manchmal treffen sich dort Leute, um Alkohol zu trinken, weshalb diese ansonsten sehr schöne Strecke auch als Angstort gilt.

Nach dem Interview geht es weiter zum Rathaus. Dort ist Ratssitzung. Themen heute unter anderem: ein Mehrweg-Becher, den die CDU einführen will, um den Verpackungsmüll einzudämmen. Außerdem die Anträge von Bündnis 90/Die Grünen und von SPD und DIE LINKE, die den Klimanotstand in Marl ausrufen wollen. Schon beim Becher eiern die Parteien eine Dreiviertelstunde rum. Kopfschütteln bei vielen Besucher:innen im Zuschauerraum. *Wenn die sich schon bei einem Mehrwegbecher in die Haare kriegen, wie wird das erst bei Klimaschutzfragen?*

Um 17.30 Uhr startet unsere erste „Tour de Rennbach"-Spezial-Tour beim Stadtradeln. Heinz Borgmann aus unserem Team hat eine 30-km-Strecke ausgearbeitet. Durch das unbekannte Gelsenkirchen. Ich erlebe tatsächlich Gelsenkirchen wie ich es noch nicht kenne. Nur grüne Ecken. An der *7-Schmerzen-Kapelle* stoßen wir auf eine radelnde Pilgergruppe aus Gladbeck. Anschließend gehts für uns zum Rhein-Herne-Kanal, über die „Grimberger Sichel", die einen atemberaubenden Blick über die Gegend ermöglicht und uns als Radfahrer einen tollen Ausblick eröffnet über ZOOM-Erlebniswelt und Kanal. Dann radeln wir zum Hafen Bismarck, wo ein moderner Jachthafen entstanden ist. Wir schlecken Eis , gönnen uns einen heißen Kaffee und plaudern über Gott und die Welt. Dann gehts zurück nach Polsum, ins schöne Landschaftsschutzgebiet Rennbach. Doch vorher erleben wir noch die untergehende Sonne über Gelsenkirchen. *Das heute hätte ich mit dem Auto so nie erlebt.*

Tag 14

07.06.2019

Als ich heute nach Hause radle, fallen mir erst die Umleitungsschilder auf. Da auch die Autobahnauffahrt gesperrt ist und die nächste in Brassert auch bald geschlossen wird, ist das ein ziemlicher Verkehr vor unserer Haustür. Wenigstens hat Straßen.NRW meine Stoßgebete gehört und schneidet das Gras, damit Fußgänger wenigstens auf den Grünstreifen ausweichen können.

Am Nachmittag fahren meine große Tochter Merle und ich nach

Marl. Sie zum Tanzschulunterricht– ich muss ins Rathaus. Wir sind trotz der fünf Kilometer ratzfatz mit dem Rad im Stadtkern, weil wir uns ruhige Nebenstrecken ohne Ampeln aussuchen, durch das Riegefeld und über die *Zalegeregersegg-Brücke* fahren. Die Abkürzung über die Josefa-Lanzuga-Allee ist eine Bereicherung. Sollte sie wegfallen wegen der geplanten Straße und Parkplätze für das Einkaufszentrum, wäre das ein gravierender Nachteil für die Radfahrenden.

Im Rathaus: Die Bündnisgrünen haben zur 1. Marler Klimakonferenz geladen. Das will ich mir anhören. Zumal in Marl der Klimanotstand ausgerufen wurde. Auch Vertreter:innen von anderen Parteien sind gekommen. Gute Gruppenarbeit. In unserer gehts um Mobilität:

- Mehr Radverkehr
- marode vierspurige Straßen auf eine Spur pro Richtung reduzieren
- alle Menschen in Marl an den ÖPNV anbinden
- mehr Grünzüge für das Mikroklima
- überflüssige Autospuren in Grünzüge verwandeln

Ich freue mich, dass das Radfahren auch bei anderen Leuten so eine große Bedeutung hat. Und dass Vertreter:innen mehrerer Parteien gekommen sind. Wäre gut, wenn mal alle am runden Tisch säßen ...

15. Tag.
08.06.2019

Es ist Samstag. Heute startet unsere zweite „Tour de Rennbach"-Radtour: 70 Km zum Schloss Raesfeld im Kreis Borken. Doch es ist Regen angekündigt.

„Macht nix!", beschwichtigen Heinz und Wiljo, die Vielradler, als wir auf dem Dorfplatz neben dem Seniorenzentrum auf weitere Teilnehmer:innen warten. Nur die vorhergesagten Orkanböen machen auch ihnen Sorgen. Plötzlich ruft eine Frau um Hilfe. Eine weggeworfene Zigarette ist offenbar durch den Wind angefacht worden und hat ein Beet in Brand gesetzt. Meine Teamkollegen und ich holen einen Eimer Wasser aus dem Café des Seniorenheims und löschen den Kleinbrand.

Dann genehmigen wir uns erst mal einen Kaffee. Dieser Moment ist die Geburtsstunde des Radentscheids. Denn Heinz, Wiljo und ich wünschen uns mehr Austausch unter den verschiedenen STADTRADELN-Teams. Trotz der Konkurrenz um die meisten Km überwiegt das gemeinsame Ziel: Was gemeinsam für den Klimaschutz zu tun und die Radwege in Marl zu verbessern. Eine gute Idee, finde ich und schreibe die anderen Gruppen an und lade sie noch mal persönlich ein zur letzten „Tour de Rennbach"-Tour am Mittwoch den 12. Juni. „Radverkehr unter der Lupe". Gemeinsam wollen wir Marl erkunden. Wie sicher kann man mit dem Rad zur Schule kommen? Wie zum Einkaufen? Wo gibt es besondere Probleme, wo sind bereits positive Entwicklungen zu sehen? Auch den Bürgermeister lade ich ein, die Baudezernentin und ihre Mitarbeitenden sowie den Verkehrs- und den Stadtplanungsausschuss.

Wir haben das Gefühl, dass vom gemeinsamen STADTRADELN jetzt ein Impuls ausgehen muss. Wir wollen nicht warten bis zum nächsten Jahr. Die Themen Radmobilität und Sicherheit müssen in Marl ab sofort eine größere Rolle spielen. Vor allem auch, weil Marl nun den Klimanotstand ausgerufen hat und es kaum eine klimafreundlichere Fortbewegung gibt als die mit dem Fahrrad.

Meine Idee: „ein unabhängiger Bürger-Radverkehrs-Kongress", der Erfahrungen und Ideen bündelt und dadurch die Politiker:innen unserer Stadt unterstützt ... Dieser Moment war quasi die Gründung unseres *Radler-Stammtischs* und damit fast schon die Geburtsstunde des *Radentscheid Marl.*

An dieser Stelle beende ich den Auszug aus meinem Blog.

Ich habe meine km-Leistung in den Folgetagen noch deutlich gesteigert: Am Ende des 21-tägigen Aktionszeitraums hatte ich für mich unglaubliche 1.120 km auf dem Tacho. Das war sogar eine Steigerung meines ersten Selbsttests, bei dem ich im Winter 2016 in vier Wochen 1064 km mit dem Pedelec unterwegs war.

Übrigens kam nach einer Weile auch die Antwort der Vestischen Straßenbahnen GmbH. Sie konnten mich und meine Familie während der drei Monate dauernden Umleitung leider nicht mitnehmen. Zitat: „Die Fahrtzeit der Linie SB 25 leidet unter der Umleitung, sodass viele Busse deutlich verspätet sind. Ein zusätzlicher Halt im laufenden Verkehr wäre kontraproduktiv." So blieb alles so schlecht wie es war. Mit der Ausnahme, dass endlich zweimal die Stunde ein Bus an meiner Haustür vorbeifuhr. Aber meine Kinder, meine Frau und ich durften nicht einsteigen und wurden bei strömendem Regen auf dem Fahrrad sogar vom Bus überholt. Das waren für mich die bislang zynischsten Momente des NÖPNV - des Nicht-Öffentlichen-Nachverkehrs. Es fühlte sich so an wie unterlassene Hilfeleistung und war schwer zu ertragen. Wenige Tage später montierten sie das Bushaltestellenschild endgültig ab. Die Frage, ob vor unserer Haustür jemals wieder ein Bus fahren würde, war damit nonverbal beantwortet.

Meine Große Tochter Merle hat inzwischen mit dem Abitur das Albert-Schweitzer-/Geschwister-Scholl-Gymnasium verlassen. Seit ihrer Grundschulzeit hatten wir uns dafür eingesetzt, dass der Schulbus wieder fährt. Aber eine ganze Schüler:innen-Generation ist nichts passiert. Die gute Nachricht: Durch den Radentscheid wird der Radweg kommen: frühestens 2027/2028. Die schlechte Nachricht: Dann wird auch unsere heute 13-jährige Marieke bereits die Schule und vielleicht sogar unsere Stadt verlassen haben.

Jeden
Tag
eine
gute
Tour

Heinz Borgmann ist der beste Beweis dafür, dass Radfahren nicht nur eine der gesündesten, sondern auch die mit Abstand kostengünstigste Fortbewegungsart mit einem Fahrzeug ist.

Heinz und ich lernten uns beim STADTRADELN 2017 kennen, als er zu meinem Team *Tour de Rennbach* hinzustieß und unsere Kilometerzahlen seitdem quasi durch die Decke gingen. Es ist nämlich so: Wenn Du denkst, dass dein STADTRADELN-Teamkonto gehackt wurde, steckt meist Heinz dahinter. Denn er fährt mal eben 1.000 Kilometer und mehr in den drei Wochen des Aktionszeitraums. Dazu ist er mit seinem alten blauen Stahlfahrrad täglich unterwegs und ersetzt damit unzählige Autofahrten.

Heinz war es auch (neben Wiljo und mir), der beim STADTRADELN die Idee zur Gründung des Radler-Stammtischs Marl hatte, aus dem später der *Radentscheid Marl* und damit das mit 64 Millionen Euro für den Radverkehr größte Verkehrsinfrastrukturprojekt unserer Stadt hervorging. Den Überblick über die tausenden Unterschriften bei unserer Sammlung für das Bürgerbegehren hatte natürlich Heinz, der *König der Excel-Tabellen*. Seine Leidenschaft für Zahlen und Datensätze stammt noch aus seiner

Foto auf der vorherigen Seite: Heinz Borgmann (Jahrgang 1954) mit seinem 23 Jahre alten Fahrrad. Bis zu seiner Pensionierung fuhr er damit bis zu 100 Mal im Jahr die 50 Kilometer zur Arbeit.

> „1,99 Cent pro Kilometer.
>
> Heinz Borgmann über günstige Fortbewegung mit seinem Fahrrad.

aktiven Berufszeit.

Unschlagbarer Kilometerpreis

Passend zur Debatte über steigende Treibstoffpreise: Heinz kostet der gefahrene Kilometer mit seinem Rad weniger als 2 Cent. Das kann er schwarz auf weiß belegen, denn er führt seit 1999 eine Excel-Liste, in die er neben dem damaligen Kaufpreis von 1649 D-Mark auch alle Inspektionen und Reparaturen eingetippt hat. Hinzu kommt eine lückenlose Kilometeraufzeichnung: Bis Ende Mai 2022 ist er sage und schreibe 267.000 Kilometer gefahren, also rechnerisch locker fünf Mal um die Erde.

Damit kommt er im Tagesschnitt nach 23 Jahren mit diesem Rad auf 27,4 Kilometer.Bei seinen Touren ist er gerne mit seiner Frau und seiner Enkeltochter Lina unterwegs, die dann die große Fahrradwelt aus der Kinderanhänger-Perspektive entdeckt.

Seine Statistik erzählt Geschichten

Bei der letzten Werkstatt-Inspektion hatte er übrigens 246.070 Kilometer auf dem Tacho. Vermutlich fragst Du dich, was Heinz macht, wenn er nicht Rad fährt? Er geht mehrmals die Woche schwimmen; rund 500 Kilometer im Jahr.

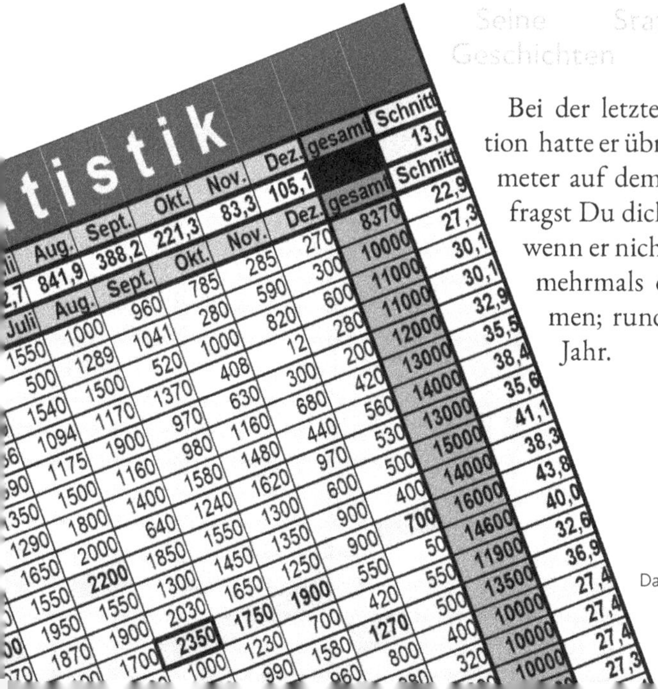

12. Für Politiker:innen

STADTRADELN ist für dich als Lokalpolitiker:in ein großes Geschenk. Nirgendwo sonst kannst Du mit Verwaltung und Bürgerschaft so zwanglos über Nachhaltigkeit und Mobilität ins Gespräch kommen. Gemeinsam könnt ihr den Ist-Zustand bei euch ansehen und bewerten. Damit verlasst ihr die Windschutzscheibenperspektive und nehmt auch zu Fuß oder auf dem Fahrrad die Mobilitätsbedürfnisse vieler anderer Bürger:innen wahr.

Folgendes solltest Du verinnerlichen:

- Radfahren im Alltag zu Zielen wie Schule, Arbeit, Einkauf stellt andere Anforderungen an die Fahrradinfrastruktur als eine gemütliche Radtour am Wochenende im Grünen.
- Eine sichere und einladende Fahrradinfrastruktur und Vorteile wie Vorrangschaltung an Ampeln und sicheres Fahrradparken sind für viele Menschen Grundbedingung dafür, dass sie öfter und gerne das Fahrrad nehmen.
- Viele Autofahrten auf Kurzstrecken unter fünf Kilometer in der Stadt sind Bequemlichkeitsfahrten und wären vermeidbar, wenn es alternative Angebote wie gute Radwege, eine gute ÖPNV-Taktung und günstigere Tickets gäbe.
- Politiker:innen sollten die Mobilitätsbedürfnisse aller Menschen in ihrer Stadt beurteilen können. Dazu ist ein Perspektivwechsel hilfreich: Wer seine täglichen Strecken - statt mit dem Auto - mit dem Fahrrad zurücklegt, wird sofort verstehen, wo nachgebessert werden muss.

Wie wäre es daher also mit einer gemeinsamen Radtour, wie wir sie in meiner Stadt Marl im Kreis Recklinghausen gemacht haben?

Mein Team *Tour de Rennbach* hat 2019 erstmals die Tour „Radverkehr unter der Lupe“ angeboten und dazu neben interessierten Bürger:innen die Vorsitzenden aller Ratsfraktionen und die verkehrspolitischen Sprecher:innen eingeladen. Am Ende waren wir mit 35 Leuten unterwegs.

Der Perspektivwechsel fällt nicht allen Politiker:innen leicht, denn wir alle sind mit Autos groß geworden und viele von uns empfinden die Fortbewegung in einem Pkw - selbst auf Kurzstrecken - als den Normalzustand an. Kein Wunder, denn viele Städte in Deutschland sind als autogerechte Städte gebaut worden. Mehrspurige Straßen gehören zum Stadtbild, breite und komfortable Geh- und Radwege suchst Du of vergeblich. Wenn wir heute mehr Platz für Rad- und Fußverkehr fordern, hören wir selbst von Politiker:innen die Antwort: „Ist ja richtig, aber wie sol das gehen, es gibt doch keinen Platz mehr!“

Die Antwort: Wir müssen den vorhandenen öffentlichen Raum *neu und gerecht verteilen*

In vielen Autos sitzt oft nur eine Person. Ich würde es so bezeichnen: ein tonnenschweres Fortbewegungsmittel, das vier zusätzliche Personen und eine Waschmaschine transportieren könnte, transportiert überwiegend Luft und beansprucht trotzdem quasi durch Leerfahrten einen Großteil des öffentlichen Raums. Hinzu kommt, dass die meisten Autos viele Stunden am Tag funktionslos herumstehen. Dabei wird der Platz für sichere Geh- und Radwege dringend gebraucht! Wie es anders geht, zeigen uns viele niederländische Städte: Auch sie waren bis in den 1970er Jahren autozentriert und haben auch heute noch in den Außenbereichen einen überraschend hohen Pkw-Anteil. Aber sie haben innerstädtisch umgedacht und planen ihre Cities inzwischen anders. Sie sehen das Fahrrad als eigenständigen Verkehrsträger und planen dafür. Die Niederländer haben die wichtige Grundlagenarbeit geleistet; sie wird inzwischen von vielen Städten weltweit übernommen und hat die Entwicklung zu fahrradfreundlichen und lebenswerten Innenstdäten angestoßen. Auch wir könnten davon lernen. Denn die meisten dieser Konzepte sind schnell umsetzbar und sie passen oft für kleine und große Städte. Insofern stimmt das gute alte Zitat: *Wir haben kein Erkenntnisproblem, sondern ein Umsetzungsproblem.*

NATIONALER RADVERKERHSPLAN 3.0

Der nationale Radverkehrsplan 3.0 will bis 2030 Deutschland zum Fahrradland machen. Dabei soll die Anzahl der Wege mit dem Rad von rund 120 auf 180 Wege pro Person und Jahr erhöht werden, um den Anteil der Autofahrten zu senken. Durch attraktivere Radwege soll die durchschnittlichen Fahrwege von aktuell 3,7 Kilometer auf sechs Kilometer gesteigert werden. Trotz deutlich mehr Radverkehr im Jahr 2030 soll die Zahl der im Straßenverkehr getöteten Radfahrer:innen um 40 Prozent reduziert werden.

Folge Handlungsempfehlungen finden sich in dem Papier:

- Förderung einer sicheren und lückenlosen Radinfrastruktur
- Förderung von Fahrradparkplätzen an Bahnhöfen, Haltestellen, im öffentlichen Raum sowie in Zusammenarbeit mit Wohnungsbaugesellschaften
- Nachhaltige Mobilität in Verwaltunng und Ausbildung
- Verkehrssicherheit: Konsequente Kontrolle zur Einhaltung von Verkehrsregeln und Ahndung von Verstößen.
- Förderungv on Dienstfahrten mit dem Fahrrad, Fahrradleasing und Sharing-Angebote

Kommt ´ne Kindergarten-gruppe zum Rathaus...

(c) 2022 - Stadtradeln-Buch.de

Die Zielrichtung ist klar, denn wir können sie im Nationalen Radverkehrsplan nachlesen. Doch in vielen Städten bremsen Stadtspitze, Verwaltung und politische Mandatsträger den Wandel zu nachhaltigen, klimafreundlichen und sozial gerechten Städten und Gemeinden oft mit Halbwissen. Immer wieder höre ich folgende Behauptungen:

Irrtum 1: Die Leute fahren nur bei gutem Wetter Fahrrad

Wenn Du im Internet suchst, findest Du beeindruckende Videos und Fotos von Schulen in Kanada, vor denen selbst bei Eis und Schnee hunderte Fahrräder stehen. Dort gibt es einen hervorragenden Winterdienst, der Radfahren selbst im Winter sicher und attraktiv macht.

Auch die Niederländer haben kein besseres oder schlechteres Wetter, aber eine bessere Fahrradinfrastruktur: breite Wege, gute Oberflächen ohne Pfützenbildung bei Regen, eine gute Beleuchtung und oft vom Automobilverkehr getrennte Fahrspuren. Bei Schneefall werden zunächst die Radwege frei gemacht. Bei Regen gibt es zum Teil automatisch verlängerte oder öfter geschaltete Grünphasen für Radfahrende, die das schnelle Vorankommen gewährleisten.

Die Westfälische Wilhelms-Universität in Münster hat den Zusammenhang von Witterung und Anteil der Radfahrenden wissenschaftlich untersucht. Dr. Jan Wessel vom Institut für Verkehrswissenschaften der WWU nahm dabei unterschiedliche Städe unter die Lupe. In den untersuchten Städten mit guter Fahrrad-Infrastruktur (Münster, Oldenburg und Göttingen) sank der Anteil der Radfahrenden bei schlechter Witterung um weniger als fünf Prozent. Anders war es in Städten mit vergleichsweise schlechter Fahrradinfrastruktur (Herzogenaurach, Stuttgart und Würzburg). Dort sank der Radverkehrsanteil um bis zu 30 Prozent. Der heutige Geschäftsführer des Zweirad-Industrie-Verbands (ZIV), Burkhard Stork, sagte in seiner damaligen Funktion als ADFC-Geschäftsführer: „Damit das Radfahren bei jedem Wetter Freude macht und sicher ist, muss die Infrastruktur in den Städten weiter ausgebaut und zu zusammenhängenden Netzen verbunden werden – zum Beispiel durch geschützte Radspuren, Radschnellwege, Fahrradstraßen und genügend Radstellplätze. Die Studie der Universität Münster zeigt deutlich, dass auch die Qualität der Radverkehrsinfrastruktur das Radfahren positiv beeinflusst – selbst bei schlechtem Wetter."

Irrtum 2: Wenn wir Parkplätze reduzieren, schadet das dem Einzelhandel

Forscher:innen des Instituts für transformative Nachhaltigkeitsforschung IASS Potsdam wollten es genau wissen und befragten im Jahr 2021 Kund:innen des lokalen Einzelhandes in Berlin. Von den 2.000 befragten Personen kamen 93 Prozent nicht mit dem Auto, sondern mit dem Fahrrad, mit dem ÖPNV oder zu Fuß. Diese Gruppe macht aber 91 Prozent des Umsatzes in den Geschäften der 145 befragten Einzelhändler:innen aus.

Auch weitere Untersuchungen in Offenbach, Gera, Erfurt, Weimar und Leipzig bestätigen, dass die Kaufkraft von Autofahrenden im Einzelhandel oft überschätzt wird. Radfahrende kommen auch öfter in die Geschäfte und kaufen mehrfach täglich ein. *Meine Meinung:* Der Einzelhandel braucht nicht mehr Autos vor dem Laden, sondern mehr Kundschaft im Laden. Bekanntlich passen auf einen Autoparkplatz bis zu zehn Fahrräder. Wenn die Aufenthaltsqualität in den Stadtquartieren und im Bereich von Läden stimmt, ist das ein wichtiger Schritt, um mehr Radfahrer:innen zu Kund:innen zu machen. Außerdem sind Radfahrende in einer geringeren Geschwindigkeit unterwegs. Sie können sich von Angeboten vor den Läden oder in Schaufensterauslagen ansprechen lassen und direkt anhalten. Wer in einem Auto mit 50 km/h unterwegs ist, bekommt vieles gar nicht mit.

Irrtum 3: Ich sehe nur wenige Radfahrende, daher brauchen wir keine guten Radwege!

Da, wo kein Laden ist, können Leute nicht einkaufen. Wo keine Schienen liegen, fährt kein Zug. Da, wo keine oder nur schlechte Radwege sind oder wo Radfahrende durch Bettelampeln ausgebremst werden, wird nachhaltige Mobilität ausgebremst und das Potential des Fahrrads auf kurzen Strecken verschenkt. Bislang wird das klimaschädliche Autofahren gefördert. Durch immer mehr Straßen, immer mehr Parkplätze, die zudem im internationalen Vergleich unverschämt billig sind.

Bequemlichkeitsfahrt.

In Deutschland wird mehr als die Hälfte der Fahrten unter fünf Kilometern und mehr als ein Viertel der Strecken unter zwei Kilometern mit dem Auto gefahren. Das sind Strecken, auf denen das Fahrrad seine Stärke optimal ausspielen kann.

Irrtum 4: Der flüssige Automobilverkehr muss Vorrang haben

Nein, Priorität vor der Flüssigkeit des Verkehrs hat die Sicherheit der Verkehrsteilnehmenden. Wenn also Menschen auf dem Rad oder zu Fuß an einer Stelle gefährdet sind, muss das Problem abgestellt werden, selbst wenn dadurch Autofahrten länger dauern sollten.

Den Comic mit der Kindergartengruppe, die die Oberbürgermeisterin befragt, habe ich gemacht, weil ich finde, dass Politik und Verwaltung eine Menge bewegen können, wenn sie es auch wollen.

Warum hört der Radweg plötzlich in der Stadt einfach auf, wie Jan Böhmermann besingt? Warum müssen Kinder, wenn sie selbstbestimmt und mit Spaß mit dem Fahrrad unterwegs sein wollen, eigentlich eine Fahrraddemo beantragen? Was ist das für ein Armutzeugnis, wenn Kinder quasi nur unter Polizeischutz sicher mit dem Fahrrad unterwegs sein können. Dabei möchten sie das gerne auch im Alltag: mit dem Rad zur Schule, zu Freunden, zum Verein oder einfach nach Hause. Fällt uns Erwachsenen wirklich nicht mehr ein als der tonnenschwere Stahlkokon des Elterntaxis?

Was Politik bewirken kann

Wie Du als Politiker:in deine Stadt verändern kannst, siehst Du ganz gut am Beispiel meiner Stadt Marl im Kreis Recklinghausen. Es ist eine Mittelstadt mit mal mehr oder weniger als 85.000 Einwohner:innen am nördlichen Rand des Ruhrgebiets. Die Stadt wolle einst eine Großstadt mit 180.000 Menschen werden und hat dafür auch die Straßen geplant. Es gibt mehrere vierspurige Alleen wie die Willy-Brand-Allee, die Herzlia-Alle, die Rappaportstraße und die Hervesterstraße, die laut der letzten Verkehrszählung aus dem Jahr 2017 für das heutige Verkehrsaufkommen deutlich überdimensioniert sind. Die Radwege sind dagegen fast zur Hälfte in einem sehr schlechten Zustand und auch deutlich zu schmal. Darum haben wir Bürger:innen mit dem Radentscheid Marl ein Bürgerbegehren für mehr und besseren Radverkehr gestartet, das unglücklicherweise ausgerechnet in die Zeit der Corona-Kontaktsperre des Landes Nordrhein-Westfalen fiel. Obwohl wir nicht wie geplant im großen Stil mit Klemmbrettern sammeln konnten, kamen innerhalb von nur vier Wochen 6.275 Unterschriften zurück.

Fiktives Gedankenspiel:

Wäre der *Radentscheid Marl* als Partei bei der Kommunalwahl 2020 angetreten und hätte die bei der Unterschriftensammlung erhaltene Zahl der Stimmen bekommen, entspräche das einem Stimmenanteil von 20,9 Prozent. Allen in der Politik war klar, dass es unter normalen Umständen sogar noch deutlich mehr gewesen wären. Darum machte sich der Stadtrat unsere Ziele zu eigen und beauftragte die Verwaltung, bis 2028 insgesamt 64 Millionen Euro in die Radverkehrsinfrastruktur zu investieren. Darunter jeweils ein Eigenanteil von 1,6 Millionen Euro, der Rest über Fördermittel.

Eines der Ergebnisse ist das 70-seitige „Teilkonzept" Radverkehr

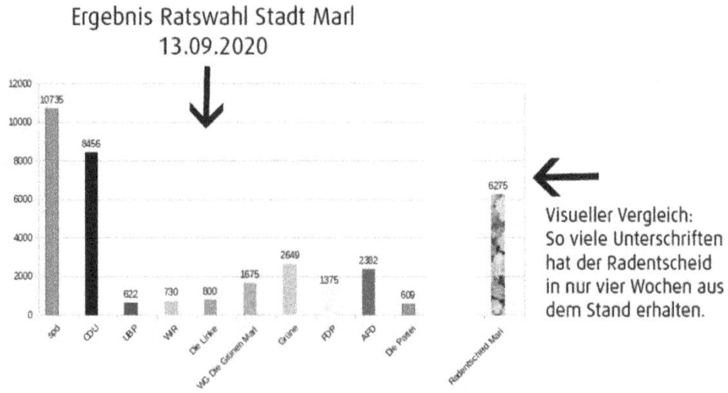

Radentscheid
Marl
6275
In nur 4 Wochen! Danke für Eure Unterschriften
CDU
für Marl!
Radwege sanieren!
Radentscheid umsetzen!
Darum am 13. September CDU wählen!
Brian Nickholz

der Stadt Marl. Es sieht neben der Reparatur der kaputten und des Neubaus von Radwegen auch die sichere und fahrradfreundliche Umgestaltung von Kreuzungen, 22 Fahrradstraßen, 1.000 zusätzliche Fahrradbügel an allen Bushaltestellen und vor Läden und dem Einkaufzentrum vor. Es geht auch um Radschnellwege und die Umnutzung der vierspurigen Straßen mit je zwei Spuren für den Radverkehr und die Schaffung eines Radschnellweges.

Im Kommunalwahlkampf 2020 sowie im Bundestagswahlkampf 2021 spielte das Thema Fahrrad eine große Rolle. Alle Parteien thematisierten es, druckten sogar Plakate und tauschten ihre bisherigen Wahlkampffahrzeuge sogar gegen klimafreundliche Lastenräder aus. Brian Nickholz (SPD) hat es mit dem Fahrrad sogar bis in den Bundestag nach Berlin geschafft.

Die CDU machte die Umsetzung des Radentscheids sogar auf Großplakaten zum Thema - auf Plakaten zeigte sich ihre Bürgermeisterkandidatin Angelika Dornebeck, die eine leidenschaftliche Alltagsradlerin ist, ebenfalls auf dem Fahrrad.

Als Bürgerinitiative veranstalteten wir Fahrraddemos oder Talkrunden, um die unterschiedlichen Positionen der Landtagskandidat:innen zum Thema Radverkehr abzuklopfen. Außerdem wirkten wir an Podcasts mit, um unsere Erwartungen an die Politik deutlich zu machen.

Wer Straßen sät, wird Autos ernten

Der motorisierte Individualverkehr ist in unserer Stadt in den vergangenen Jahrzehnten überproportional gewachsen. Er liegt laut Mobilitätsentwicklungskonzept der Metropole Ruhr in Marl rund fünf Prozentpunkte über dem Durchschnitt anderer Ruhrgebietsstädte. Wie kann so etwas passieren, wo doch seit Jahren klar ist, dass der Anteil des motorisierten Individualverkehrs dringend reduziert werden muss?

Das was die *Fridays-for-Future-Aktivisitn* Greta Thunberg bereits öffentlich anprangerte, gilt auch für unsre Stadt. Es ist die Folge einer verfehlten Umwelt- und Verkehrspolitik, die in den vergangenen Jahrzehnten vor allem auf das Auto gesetzt und den Umweltverbund an den Rand gedrängt hat. 40 Prozent der Radwege in Marl sind in einem sanierungsnötigen Zustand. Seit dem Jahr 2000 hat die Politik in Marl durch den Wegfall der Parkraumbewirtschaftung das Parken kostenlos gemacht. Damit ist die Nutzung des Autos überall in der Stadt günstiger als ein Busticket. Statt das Radfahren durch grüne Ampelphasen zu beschleunigen und dessen Zeitvorteile zu nutzen, wird das Fahrrad seit Jahrzehnten in Marl ausgebremst. Und das, obwohl Marl zu den Mitbegründerinnen der Arbeitsgemeinscahft fußgänger- und fahrradfreundlicher Städte, Gemeinden und Kreise in NRW (AGFS) zählte.

2014 wurde Marl rausgeschmissen, weil die Stadt sowohl das Fahrradfest gestrichen, das gemeinsame Fahrradbüro von Stadt und ADFC dichtgemacht, Radplaner:innen-Stellen nicht nachbesetzt hatte und viele Radwege bereits zu dem Zeitpunkt in einem schlechten Zustand waren. Auch die Ankündigung, künftig aus finanziellen Gründen kein Geld mehr in den Radverkehr investieren zu können, war der Beginn eines viele Jahre dauernden Nachhaltigkeits-Tiefschlafs, aus dem erst wir Bürger:innen 2020 die Stadt mit dem Radentscheid wieder wachgeküsst haben.

Politik, Verwaltung und Bürger:innen ziehen an einem Strang

Was wir gemeinsam auf die Beine stellen können, wird nun langsam deutlich: Inzwischen wurden drei neue Mitarbeiter:innen für die Umsetzung des Radentscheids eingestellt.

STADTRADELN - Der Perspektivwechsel für die Politik.

Gemeinsam eure Stadt erleben und weiterentwickeln - nicht verbohrt und fundamentalistisch, sondern offen und mit Lust am sprichwörtlichen “Erfahren” des Istzustands. Macht zusammen Radtouren und entdeckt das, was schon gut ist und das, was noch verbessert werden soll. Dabei wirst Du am Ende der drei Wochen sehen, dass eine Menge Redebedarf besteht. Jetzt kannst Du es innerparteilich zum Thema machen. Dabei wird es unterschiedliche Auffassungen geben.

Wenn dir als Lokalpolitiker:in wirklich was am Fahrrad liegt, zeige das öffentlich und werde deiner Vorbildfunktion als Erwachsene:r und Politiker:in gerecht.

- lass dich nur dann auf Wahlplakaten mit dem Fahrrad abbilden, wenn Du es auch fährst oder dich für die Fahrradförderung einsetzt
- beteilige dich an öffentlichen Veranstaltungen zum Thema
- stelle Anträge und stoße Projekte zum Radfahren an
- fahre so oft wie möglich mit dem Fahrrad

Deine Stadt für die Mobilität der Zukunft aufstellen:

Das klingt wie ein Kinofilm – würde vermutlich auch ein Kassenschlager werden. Tatsächlich ist es der politische Auftrag, den du dir selbst gegeben hast und der dich jetzt nicht mehr loslassen wird. Denn eine vernünftige Fahrradinfrastruktur ist nicht nur das Aushängeschild, sondern auch die Grundlage einer gesunden, klimaschonenden und auch sozial gerechten Stadt.

Warum müssen wir ein Auto besitzen um mobil zu sein?

- 81 Millionen Fahrräder gab es zum Stichtag 1.1.2022 in Deutschland. Rein rechnerisch besitzt also jede:r Bundesbürger:in eines. Der Anteil der Personenkraftwagen (Pkw) betrug zum Stichtag: 48,5 Millionen.
- Viele Millionen Menschen besitzen also kein Auto oder haben keinen Führerschein. Zum Beispiel, weil sie aus unterschied-

lichen Gründen nicht mit dem Auto fahren wollen. Andere dürfen oder können aus gesundheitlichen Gründen nicht Auto fahren. Viele würden gerne, können es sich aber finanziell nicht leisten. Hinzu kommen die Millionen Kinder und Jugendlichen, die natürlich auch keinen Führerschein haben. Sie alle sind auf alternative Verkehrsmittel zum Auto angewiesen. (Beachte dazu auch das Gespräch mit Katja Diehl, die Autorin des Bestsellers #Autokorrektor am Ende des Buches!)

▶ Selbstbestimmt und selbstständig mit dem Fahrrad unterwegs sein zu können, muss möglich sein. Mit deiner Hilfe als Politiker:in.

Als Poltiker:in bist Du in einer doppelten Funktion. In der Regel wirst du ehrenamtlich tätig sein und bist daher natürlich auch Bürger:in deiner Stadt. Gleichzeitig bist Du gewählt und bestimmst daher über die Verkehrsinfrastruktur der Kommune. Solltest Du bisher nur wenig mit dem Fahrrad unterwegs sein, kannst du durch die Teilnahme am STADTRADELN hervorragend deine Stadt aus einer neuen Perspektive kennenlernen. Du wirst sehen, was gut ist, aber auch, wo noch Verbesserungsbedarf besteht. Herzlichen Glückwunsch zu Deinem Entschluss! Denn noch zu viele Politiker:innen kennen ihre Gemeinde/Stadt/Region nur aus der Windschutzscheibenperspektive. Aber den Zustand eines Radwegs oder eines Gehwegs kannst Du nicht aus einem Auto beurteilen, das in der Regel mit 50 Stundenkilometern unterwegs ist.

Es ist ein offenes Geheimnis, dass Du nicht einer bestimmten Partei angehören musst, um dich für Klimaschutz einzusetzen. Für die Entwicklung einer nachhaltigen Mobiltät in deiner Stadt solltest Du dich grundsätzlich interessieren. Als Lokalpolitiker:in kannst Du deine Radfahr-Erfahrungen direkt in die Politik vor Ort einfließen lassen.

Fahrradpolitik

- Fahrradpolitik spricht alle an.
- Fahrradpolitik ist zukunftsorientiert.
- Fahrradpolitik ist ein Verkehrs- und Mobilitätsthema.
- Fahrradpolitik ist ein Umweltthema.
- Fahrradpolitik hilft beim Sparen.
- Fahrradpolitik ist ein Freiheitsthema.
- Fahrradpolitik ist ein Gesundheitsthema
- Fahrradpolitik ist ein Thema für Deine Partei
- Fahrradpolitik ist Dein Thema

STADTRADELN gemacht - Deine nächsten Schritte

- Vorbildfunktion: Berichte im privaten, beruflichen und politischen Umfeld von deinen Erfahrungen
- Mache deutlich, dass es nicht um ein Verbot des Autos geht, sondern du dich für die Mobilitätsbedürfnisse aller Menschen deiner Stadt einsetzt
- Geh aber nicht der Diskussion über die ungerechte Bevorzugung des motorisierten Individualverkehrs (Pkw) aus dem Weg
- Beschäftigte dich mit den Zielen des nationalen Radverkehrsplans: Was hat das mit der Situation in deinem Wahlkreis zu tun? Fang an!
- Starte ab jetzt eigene Radtouren und lade Parteifreund:innen, Bürger:innen und Medien ein
- Sammle als Argumentationsgrundlage Informationen zu den Themen Fahrrad und ... (Sicherheit, Gesundheit, Umwelt,

Klima, Wirtschaft, Freizeit, Tourismus, Kultur) und teile sie!

- Nimm Ängste von Autofahrer:innen und Händler:innen ernst und begegne ihnen mit Fakten (Beispiel: Umfrage zur überschätzten Rolle des Autos beim Einkauf.)

- Chartert einen Bus und macht mit der Fraktion und weiteren Interessierten eine Exkursion mit Schwerpunkt Fahrrad in die Niederlande, nach Kopenhagen, Paris oder in eine Fahrradstadt, die eurer Städtegröße entspricht. Und fragt euch, was ihr davon übertragen könntet. Infos: https://www.adfc.de/dossier/adfc-projekt-innoradquick

- Lest die Ergebnisse des Fahrradklima-Tests eurer Stadt: https://fahrradklima-test.adfc.de/ergebnisse

Es gibt Menschen, die kannst du nicht kopieren. Einer von denen ist Heribert Rasch aus Bochum. Für die einen ist er der „Klavier-Reparatur-Onkel", der nächste nennt ihn den Klavier-Stimmer der Herzen. Und er ist auch Spediteur. Spezialisiert auf Klaviere!

Da ist Musik drin !

Als ich im Frühjahr 2022 seinen urigen Laden betrete, steigt mir sofort der Geruch antiker Möbel in die Nase. Doch es sind alte Klaviere, die er aufgemöbelt hat. Er hat sie entdeckt. Er hat sie gerettet. Er hat dafür gesorgt, dass aus Klavierholz kein Brennholz wird. Er hat sie aufgearbeitet und jetzt verkauft er sie an Menschen mit Herz und Verstand und Liebe fürs Klavier. *„Bitte einzeln eintreten! Pro Käufer nur drei Klaviere!"*, steht auf einem Schild im Schaufenster. Wer will, dem bringt Rasch sie rasch nach Hause. Dabei suchst Du auf dem Innenhof vergeblich nach einem Lieferwagen. Dort steht nur ein Lastenrad.

Heribert Rasch („Jahrgang ´56") kombiniert seine Leidenschaft für Klaviere mit dem Radfahren. Er dürfte Deutschlands einziger Klavier-Spediteur sein, der die bis zu 300 Kilo schweren Instrumente mit einem muskelbetriebenen Lastenrad ausliefert.

Klaviere
Le Canard

„Ich sage immer: Es ist etwas größer als ein Sarg."

Heribert Rasch über sein Lastenrad für Klaviertransporte.

„Das isset!", sagt Heribert Rasch als ich ihn besuche und nach einer 30 Kilometer-Fahrt mein Pedelec in seine Werkstatt schiebe. Dann zeigt er mir das berüchtigte Klavier-Speditions-Rad. Der Klavierbauer Mitte 60 hat zwei Leidenschaften: Klaviere und Fahrräder. Darum auch das Lastenrad und sein blaues Unikat aus der Bochumer Fahrradmanufaktur „Le Canard". Ein Verbrenner kommt ihm nicht auf den Hof, sagt er und macht dann doch Feuer - für seine Zigarette.

Und dann laufen wir beide um sein mit Muskelkraft betriebenes Klavier-Transport-Rad und ich fühle mich ein bisschen wie früher; als ich immer die Jungs auf dem Parkplatz der Tankstelle bewunderte. Wie sie in ihren Kleinstwagen saßen, selbst im Winter durch die geöffnete Fahrerscheibe präzise aschen oder spucken konnten und von größeren, lauteren, schnelleren und teureren Wagen träumten, aber sich irgendwie nie von der Stelle fortbewegten. Vermutlich deshalb treffe ich sie auch heute noch manchmal dort.

Rasch und ich umrunden nun ebenfalls das Lastenrad, aschen und spucken aber nicht. Vielleicht später. Sein Lastenrad hat keinen Motor und keine elektrische Unterstützung, fällt mir auf. Damit also transportiert er Klaviere, die bis zu 300 Kilo wiegen. *Wer baut denn sowas?* Ein Bochumer Fahrradladen hat es ihm vor einigen Jahren nach seinen Wünschen gefertigt. Rasch wusste was er wollte. Einen massiven Rahmen sollte es haben, damit halt ein Klavier reinpasst.

„Ich sage immer gerne: es ist etwas größer und höher als ein Sarg. Da passt ein Klavier rein und früher auch meine Kinder. Die haben auf einer Bank gesessen als ich sie von der Schule abholte."

Wir gehen in seinen Laden und bestaunen die Klaviere, die in einer Art Wohnzimmer stehen. Es riecht nach Mottenkugeln, aber nicht unangenehm. Die Stofftapete an den Wänden dürfte so alt sein wie die meisten Instrumente hier. Selbst im Schaufenster thronen Klaviere mit schwarzem Schellack oder braunem Wurzelholz. 100 Jahre und älter, berichtet der Herr der Klaviere. Weil ständig Passanten am Schaufenster vorbeigehen und uns anglotzen, fühle ich mich wie ein Teil der Auslage. Bin ich aber nicht, sondern Gast. Für mich hat er darum extra den guten Mohnkuchen von der Bäckerei direkt nebenan geholt, den Kaffee trinken wir mit Hafermilch. „Alles Handarbeit", sagt Heribert Rasch und fummelt an einem der Kerzenleuchter rum, der neben dem Notenhalter an einem braunen Klavier angebracht ist. Viele der Instrumente sind aufwendig verziert: Blumen, schnörkelige Buchstaben und andere Intarsien. „Aber

die Individualität bekommt ein Klavier erst durch seinen Klang. Jedes klingt anders. Aber alle klingen top!"

Rasch zieht einen Hocker heran und spielt dann mit seinen unfassbar großen Handwerkerpranken Schubert. Dabei erzählt er sie mir, die traurige Geschichte der deutschen Klavierbauer: 100 Jahre in zehn Minuten. Eine Geschichte mit Tiefgang, aber ohne Happ End. *„Immer mehr Firmen geben auf, zum Beispiel die Firma Ibach aus Schlem, eine Firma, die wahnsinnig viel gebaut hat. Die hatten mal zu guten Zeiten 1.000 Mitarbeiter, dann 10, dann 5 und dann haben sie aufgegeben. Deutsche Klaviere, das war immer ein Begriff in der ganzen Welt. Und da ja viele Firmen nicht mehr existieren, ist das auch ein Grund mehr für mich, mich weiter so für alte Klaviere einzusetzen."* Sein Ziel: Er will der älteste Klaviertransporteur Deutschlands werden. Wie lang das geht, das wisse er nicht. Vielleicht nicht bis 80. Aber so lange wie möglich.

Wer mit dem Fahrrad Lasten bis 300 Kilo Gewicht transportiert und keine elektrische Unterstützung hat, hat sicher ein Geheimnis. Herr Rasch, verraten Sie es uns!

Das Geheimnis sind Öldruck-Bremsen und ein Spezialgetriebe, das ich bei Bedarf über einen kleinen Knopf aktivieren kann. Wenn es hügelig wird, schalte ich auf die Berggänge um. Bei den 10.000 Lieferungen habe ich auch Tresore, Waschmaschinen und sogar ein Blockheizkraftwerk geliefert. Das ist nach meiner Einschätzung das Schwerste, das man mit Menschenkraft transportieren kann.

Nicht schlecht, wenn wir bedenken, dass viele von uns einen SUV brauchen, um eine Tüte Brötchen von der Bäckerei nach Hause zu transportieren. Warum tun Sie das?

Mein Ehrgeiz war, wie es in der Geschichte der Menschheit von Anfang an immer möglich war, schwere Lasten ohne Motorkraft zu bewegen. Das wollte ich auch. Ich wollte zur einfachen Lebensweise zurückfinden und wissen, ob das geht. Und dann ging es.

14. Welcher Typ bist Du?

Nur da, wo sich Menschen wohlfühlen, steigen sie aufs Fahrrad. Für Verkehrsplaner:innen ist es daher besonders wichtig, wie sie die Fahrradinfrastruktur anlegen müssen, um den Radverkehrsanteil in ihrer Stadt massiv zu steigern. Dazu ist es wichtig, zu wissen, wie Radfahrende ticken. Denn es nutzt nichts, wenn die potentiell größte Gruppe der Menschen trotz toller Maßnahmen dennoch nicht aufs Fahrrad steigt. Denn es gibt Gründe dafür.

Hier erfährst Du, welcher Typ Radfahrer:in Du bist. Es war eine der besten Ideen, die der Fahrradkoordinator der US-Stadt Portland, Roger Geller, hatte. Er untersuchte das Verhalten der Radfahrenden und teilte sie in vier Gruppen ein. Er nannte seine Typologie „Four Types of Cyclists."

Typ 1: Interessiert, aber besorgt

Diese Gruppe ist mit 60 % die größte der vier Kategorien. Hier finden wir Leute, die Fahrradfahren wollen oder das auch schon machen. Allerdings nur da, wo es separate Fahrradwege gibt und sie sich nicht gestresst fühlen. Diese Gruppe besteht überwiegend aus Frauen, Kindern und Eltern sowie älteren Menschen.

Typ 2: Begeistert und überzeugt

Meist Männer im Alter zwischen 18 und 54 Jahren gehören zu dieser Gruppe, die 6,5 Prozent ausmacht. Sie sind mit wenig Angst auf dem Fahrrad unterwegs, nutzen vorhandene Radwege gerne und wünschen sich auch eine gute Radverkehrsinfrastruktur.

Typ 3: Die Nein, danke!-Gruppe

Ein Drittel aller Leute will auf keinen Fall Fahrradfahren. Entweder, weil sie es aus gesundheitlichen Gründen nicht können oder schon einmal schlechte Erfahrungen bei einem Unfall gemacht haben. Viele von ihnen haben Strecken, die einfach zu lang sind - oder sie haben andere Gründe. Diese Gruppe kann nicht gewonnen werden.

Typ 4: Die Starken und Furchtlosen

Die mit 0,5 % kleinste Bevölkerungsgruppe deiner Stadt ist von nichts vom Radfahren abzuhalten. Sie lieben es, sind jeden Tag auf der Straße unterwegs und lehnen Radwege geradezu ab. Sie verstehen ihr Fahrrad als *Fahrzeug* und kommen auf der Fahrbahn auch am besten voran. Kein Heckmeck mit buckelpistigen Geh- und Radwegen, Slalomparcours zwischen Laternen, Mülltonnen und Sperrmüll. 85 % dieser Gruppe sind Männer, von ihnen 90 % im Alter zwischen 18 und 40 Jahren.

’Mein Tipp für deine eigene kleine Verkehrswende? Logslegen!

Ragnhild Sørensen

Ragnhild Sørensen lebt in Berlin Prenzlauer Berg und ist Pressesprecherin im Kommunikationsteam von Changing Cities e.V. Ihr Verein entstand durch den ersten Volksentscheid Fahrrad. Inzwischen gibt es mehr als 50 Radentscheide in Deutschland. Wir radelten uns 2021 bei der ersten *#TourDeVerkehrs-wende* in Essen über den Weg.

Was genau macht Changing Cities?

Changing Cities initierte 2016 den Volksentscheid Fahrrad Berlin und schaffte so die Verkehrswende ganz oben auf der politischen Agenda zu setzen. Wir haben in der Hauptstadt nun ein Mobilitätsgesetz, das Fuß-, Rad- und öffentlichem Nahverkehr den Vorrang gibt. Seitdem engagieren sich in über 50 Städten und Gemeinden bundesweit Radentscheide, um den öffentlichen Raum fuß- und fahrradfreundlicher zu machen. Mit der Kampagne #Kiezblocks haben wir 57 lokale Initiativen in Berlin, die den Durchgangsverkehr in ihren Wohnviertel minimieren wollen. Unser Ziel: Lebenswerte Städte.

Die Änderungs-Schneiderei für Städte

Welche Erfahrungen hast Du mit STADTRADELN gemacht?

Für mich ist es ein bisschen wie Schummeln. Ich fahre ja sowieso immer mit Rad und ÖPNV. Aber in den Wochen merkt man deutlich, wie unzureichend die vorhandene Fahrradinfrastruktur ist. Wenn nur ein paar Menschen mehr Rad fahren, wird es sofort viel zu eng. Die Radwege sind überhaupt nicht dafür angelegt!

Dein Tipp für die eigene kleine Verkehrswende…

Loslegen! In der Zivilbevölkerung besteht ein Riesenbedarf an Umgestaltung der Städte. Die Menschen wollen die dreckige Luft nicht mehr, sie wollen den Lärm loswerden, sie wollen einfach sicher und entspannt Radfahren können. Am besten, man findet ein paar Mitstreiter:innen und dann kann man auch direkt loslegen: Vielleicht eine Raddemo organisieren oder zu einer offenen Versammlung im Viertel aufrufen. Wir stehen natürlich auch gerne mit Rat und Tat zur Seite.

Warum ist es aus Deiner Sicht so wichtig, dass wir mindestens schon mal drei Wochen lang aufs Auto verzichten?

Weil wir damit unsere Zukunft erproben können. Das Umweltbundesamt hat ausgerechnet, dass wir mit etwa 150 Pkw pro 1.000 Einwohner:innen auskommen. Das ist etwa ein Viertel der Kfz-Flotte von heute. Wir müssen uns also dringendst an den Gedanken gewöhnen, dass nicht immer das Auto die Lösung aller Probleme ist. 53% der Deutschen nehmen immer noch das Auto für Strecken unter fünf Kilometer. Stellen wir uns mal vor, sie würden alle beim STADTRADELN mitmachen? Unsere Welt würde komplett anders aussehen!

16. Die geheime Formel der Verkehrswende: [geschwärzt]

Wie ich schon sagte, ist das vorliegende Buch für alle, die sich mit ihren eigenen Mobilitätsbedürfnissen befassen und ihre eigene kleine Verkehrswende starten wollen. Der Wettbewerb STADTRADELN ist ein guter Anfang dafür. Ich persönlich kann es sehr empfehlen, denn mit STADTRADELN und Schulradeln kannst auch Du nicht nur gemeinsam mit Politik, Verwaltung und Bürger:innen die Fahrradinfrastruktur unter die Lupe nehmen, sondern auch direkt Veränderungen anstoßen. Du lenkst die Aufmerksamkeit auf den Umweltverbund in deiner Stadt. Hol′ dir als Verbündete Lehrer:innen, Schüler:innen und Eltern. Wenn sie am Schulradeln teilnehmen, kann da ganz schön was in Bewegung kommen! So erreichst Du maximale Aufmerksamkeit für den Rad – und Fußverkehr, die in vielen Städten seit Jahrzehnten an den Rand gedrängt werden. Und gerade junge Menschen haben gute Antennen. Sie spüren schnell, dass es diesmal um sie geht und ihre Mobilität durch gemeinsame Aktionen verbessert werden kann.

LOL! In drei Wochen soll alles besser werden? OBER-LOL!

Natürlich sind drei Wochen eine kurze Zeit. Aber wie Du gleich lesen wirst, haben drei Wochen STADTRADELN-Fahrrad-Erfahrung in meiner Stadt mehr bewegt als die Verkehrspolitik der vergangenen 30 Jahre! Moment, magst Du jetzt fragen, wie können 21 Tage der Start sein für das, was die Lokalpolitik in mehr als einem Vierteljahrhundert nicht auf die Kette bekommen hat? *Es ist der gemeinsame Perspektivwechsel.*

Ich vergleiche das mit den Kindern, die vom Balkon aus mit einer zum Fernrohr gerollten Zeitung ihre Straße entdecken. Die Mini-Pirat:innen sehen überall nur Autos. Auf der Straße, am Straßenrand, parkend auf Gehwegen und Radwegen. Autos überall!

Wenn sie frustriert ihr Fernglas zur Seite legen, entdecken sie aber, dass da Leben ist.

Menschen. Aber hinter den Autos. Verdeckt. An den Rand gedrängt.

Ab heute entdeckst Du die Mobilitätsbedürfnisse aller Menschen deiner Stadt. So berücksichtigt ihr auch die Interessen der Leute, die auf dem Fahrrad, zu Fuß und mit dem Bus unterwegs sind. Und nicht nur die. Eine ganzheitliche Verkehrswende ist barrierefrei: Daher holt euch junge, alte sowie Menschen mit körperlichen Einschränkungen in eure Mitte. Ihr Input öffnet eure Augen für uns alle.

Zwölf Wörter, 68 Zeichen, sechs Ziffern und ein Ausrufezeichen: Was das mit Deiner Verkehrswende zu tun hat…

Ich bin seit 2017 beim STADTRADELN dabei und mir ist es zusammen mit einem elfköpfigen Team gelungen, die Verkehrswende anzustoßen. Das Ergebnis ist ein Satz aus zwölf Wörtern, 68 Zeichen, sechs Ziffern und einem Ausrufezeichen. Klingt unspektakulär. Lies ihn besser:

Marl wird bis 2028 insgesamt 64 Millionen € in die Radverkehrsinfrastruktur investieren!

Das ist das größte Verkehrsinfrastrukturprojekt, das es je in meiner Stadt gegeben hat. Zugegeben: außer uns in meinem Team haben nur die Wenigsten geglaubt, dass wir es schaffen werden. Und dann noch als TURBO-Radentscheid. Denn dieses Projekt haben wir im Rekordtempo von gerade mal fünf Monaten durchgezogen: von der ersten Idee zum *Radentscheid Marl* – bis zum politischen Beschluss am 25. Juni 2020. Es war auf den Tag genau eine Punktlandung und das I-Tüpfelchen unseres strikt durchgeplanten Projektmanagements. Und das, obwohl sich alles gegen uns verschworen zu haben schien:

- Wir waren im März 2020 auf dem Höhepunkt der 1. Welle der Covid 19-Pandemie.
- Die Unterschriftensammlung konnte nicht wie geplant stattfinden, denn als wir starten wollten, verhängte das Land Nordrhein-Westfalen am 23. März 2020 ein weitreichendes Kontaktverbot. Es untersagte in der Öffentlichkeit die Zusammenkunft von mehr als zwei Personen (ausgenommen Verwandte gerader Linien, Ehegatten, Lebenspartner:innen sowie in häuslicher Gemeinschaft lebende Personen).
- Es gab noch kein Impfmittel.
- Alle öffentlichen Veranstaltungen wurden abgesagt. Lockdown!

Das öffentliche Leben stand still: Die Politik in den Kommunen, Land und Bund befand sich in einer Ausnahmesituation. Nur die Ältestenräte oder wichtigsten Gremien trafen sich in kleiner Runde, um wenigstens die notwendigsten Entscheidungen treffen zu können.

Außer uns hatte noch niemand ein Bürgerbegehren in einer Pandemiesituation gestartet und daher gab es noch keine Erfahrungswerte. Wir waren Pionier:innen. Und unser Radentscheid war sozusagen unser demokratisches Experiment.

Was bedeutete das für unseren Radentscheid?

Es ist nahezu unmöglich, wenn Du das von der Gemeindeordnung in NRW für unsere Stadt vorgegebene Quorum von 4.160 gültigen Unterschriften erreichen und sie in Papierform vorlegen musst, Du aber nicht sammeln darfst! Also haben wir uns ein demokratisches Experiment einfallen lassen, bei dem die Sicherheit aller Beteiligten im Vordergrund stand. Wir waren laut dem Verein *Mehr Demokratie e.V.* deutschlandweit das erste erfolgreiche Bürgerbegehren in der noch nie dagewesenen Pandemiesituation. Wir sammelten *ohne zu sammeln*. Ohne persönliche Kontakte zu den Bürger:innen unserer Stadt. Unsere Idee war ein stadtweites Netz aus Briefkästen und unser Lastenrad *MARLORE*, das auf allen Wochenmärkten sozusagen als mobiler Briefkasten diente. Die Leute kamen wie magnetisch angezogen und ließen die ausgefüllten Unterschriftenlisten in den geöffneten Kasten unseres Lastenrads fallen – immer unter den wachsamen Augen des Ordnungsamts. Denn sobald mehr als zwei Personen an unserem Lastenrad standen, wurden wir unter Hinweis auf das Kontaktverbot auf die Regelung hingewiesen.

Doch es funktionierte: Nach nur drei Wochen hatten wir die erforderlichen 4.160 Unterschriften in unseren Briefkästen. Und nach einer weiteren Woche hatten wir sogar einen zusätzlichen Sicherheitspuffer von mehr als 2.000 Unterschriften, so dass wir unsere Aktion nach nur einem Monat stoppen konnten.

Wie Du an meinem Beispiel siehst, können wenige Wochen ausreichen, um Dinge zu verändern. In unserem Fall kam sicherlich der hohe Leidensdruck vieler Bürger:innen hinzu, die sehr unter den kaputten Radwegen litten und große Hoffnungen in den Radentscheid gesetzt hatten. Während man einerseits denken konnte, die Leute hätten keinen Kopf für die Mobilitätswende, weil *Covid 19* das allgegenwärtige und alles überlagernde Thema war.

Aber wie wir uns gewünscht hatte, sahen viele Menschen tatsächlich in unserem Radentscheid so eine Art Symbol für die Zeit nach der Pandemie. Dabei war „nach der Pandemie“ damals eher so eine unpräzises Synonym wie *irgendwann* oder *in Zukunft*. Jedenfalls weiß ich heute, dass die Leute dankbar dafür waren, dass wir uns trotz aller Schwierigkeiten weiter für das Thema eingesetzt und gegen alle Widerstände durchgesetzt haben. Angesichts eines so starken Signals konnte die Politik unsere Ziele nicht ignorieren. Die Fortschrittlichen in SPD, CDU, Grüne, Wählergemeinschaft DIE GRÜNEN und Linke haben das auch frühzeitig erkannt, ihre Verantwortung übernommen und den Wandel in unserer Stadt damit möglich gemacht.

Der Rat stimmte mit einer Enthaltung und der Gegenstimme der FDP für die Annahme unserer Forderungen und leitete damit das größte Verkehrsinfrastrukturprojekt seit Bestehen unserer Stadt ein. Auf dem Foto siehst Du die Übergabe unserer Kartons mit den Unterschriften an Bürgermeister Werner Arndt: *„Für die Maßnahmen aus dem Radentscheid wollen wir bis 2028 insgesamt 64 Mio. Euro bereitstellen – vorausgesetzt dass Fördermittel fließen. Das bedeutet einen entsprechenden Planungsvorlauf. Mit politischer Unterstützung konnten jüngst drei neue Mitarbeiter:innen in der Verkehrsplanung angestellt werden, sodass nun ein Team von sechs Ingenieur:innen tatkräftig an der Umsetzung des Radentscheids und weiteren nachhaltigen Mobilitätsformen gemäß unseres Mobilitätskonzeptes arbeitet.“*

“ Während einer nie dagewesenen Pandemiesituation ein Bürgerbegehren zu starten, erfordert schon viel Mut. Es dann aber noch zu einem so eindrucksvollen Erfolg zu führen, dafür gibt es in über 30 Jahren Bürgerbegehrensgeschichte in NRW kaum ein anderes Beispiel – Hut ab!“

Alexander Trennheuser,
Bundesgeschäftsführer
Mehr Demokratie e.V.

Viel Geld für Fahrradinfrastruktur

Damit will Marl in den nächsten Jahren rund 90 € pro Kopf und Jahr in die Fahrradförderung investieren. Zwar liegen wir hinter Utrecht, das 137 € p. A/Einwohner:in investiert, jedoch vor Oslo (70 €), sogar vor Kopenhagen und deutlich vor Amsterdam (11 €). Gut, diese Städte haben auch in den vergangenen Jahrzehnten viel Geld in den Umbau gesteckt: Jetzt geht es dort um Erhalt. Auf jeden Fall liegen wir weit vor den meisten Städten in Deutschland, denen die Sicherheit und der Komfort des Radfahrens weniger wert ist als eine Mini-Pizza. Wie sonst ist es zu erklären, dass sie weniger für die Radverkehrsinfrastruktur stecken, aber ein vielfaches in Autofahrbahnen?

Kopfschütteln bei vielen von uns, die sowohl Auto als auch Fahrrad fahren, manchmal auch den Bus nehmen oder ein-

oben:
Weniger als 5 €: Vielen Städten sind sichere und attraktive Radwege weniger wert als eine Mini-Pizza!

unten:
Marls Bürgermeister Werner Arndt (Mitte) bei der Übergabe der 6.275 Unterschriften

Info:
Ein Verkehrsentwicklungsplan ist vergleichbar mit einem Mobilitätskonzept, das viele Gemeinden, Städte und Landkreise aufstellen. Darin wird sozusagen der „Fahrplan“ für eine nachhaltige Mobilität folgender Jahre skizziert.

fach laufen. Von Fahrradförderung profitieren alle: bessere Luft, weniger Lärm, mehr Sicherheit und auch ein Plus an Aufenthaltsqualität. Wenn wir uns für eine menschenfreundlichere Stadt mit sicheren und breiten Geh – und Radwegen und einer guten und für alle bezahlbaren ÖPNV-Taktung entscheiden, was wäre dann?

Dann wäre das eine Einladung.

Wir würden gerne verweilen, entspannt schlendern und einkaufen, Restaurants oder Kneipen besuchen und auf dem neuen Spielplatz mit unseren Kindern spielen. Der war bislang ein Parkplatz. Jetzt können wir auf der Bank sitzen oder einfach ein Buch lesen. Entspannung! *Mitten in der Stadt.*

Das wird Städte so attraktiv machen, dass wir hier sein wollen. Wir wollen hier wohnen und arbeiten. Aber nicht nur arbeiten, sondern auch leben. Ich will eine Stadt, über die man nicht mehr sagt: „Das Schönste an Marl ist, wenn Du schnell dran vorbeifährst.“

64 Millionen € – ist jetzt alles in Mobilitätsbutter?

Gut, ganz ohne Widerstände ging und geht es nicht. Auch heute müssen wir viel Aufklärungsarbeit leisten. Denn einige Politiker:innen, die schon lange im Stadtrat mitentscheiden, haben die verfehlte Verkehrspolitik unserer Stadt in den zurückliegenden zwei bis drei Jahrzehnten mitverantwortet und trotzdem nichts draus gelernt. Aber das hören sie nicht gerne. Einige von ihnen werfen uns vor, Geld zu verplempern. Dabei wäre es ihre Aufgabe gewesen, die Mobilitätswende, die wir als Bürger:innen angestoßen haben, selbst auf den Weg zu bringen. Bereits vor 30 Jahren: Dass sie kein Erkenntnisproblem hatten, sondern der politische Wille fehlte, ist leicht zu entlarven: Der Verkehrsentwicklungsplan (VEP) der Stadt Marl von 1991 listet die damaligen Ziele auf:

- ▶ geschlossenes Netz für Radverkehr schaffen
- ▶ Sicherheit erhöhen
- ▶ Mobilitätswünsche von Radlern/Fußgängern erfüllen
- ▶ kurze Fahrten im Kfz durch Fahrrad ersetzen
- ▶ verbessern der Umwelt und Energieeinsparungen
- ▶ Kombinierte Fahrten ÖPNV und Fahrrad

Wie Du siehst, hatten sie vor drei Jahrzehnten schon die richtigen Ideen. Aber mehr als ein Vierteljahrhundert später müssen wir leider feststellen, dass keines der oben genannten Ziele so richtig umgesetzt wurde. Das ist nicht nur in Marl so, sondern leider auch in vielen anderen Städten in Deutschland. Das ist die kurze Antwort auf die Frage, warum der Verkehrssektor seit Jahrzehnten seine Klimaziele verfehlt. Darum ist für mich verständlich, warum Umwelt – und Klima-Aktivist:innen wie Greta Thunberg, Luisa Neubauer und Millionen andere junge und ältere Menschen weltweit diese verfehlte Politik zu recht anprangern.

Fahrradklima-Test zeigt die Knackpunkte

Schlecht sind die Noten für viele Städte beim traditionellen Fahrradklima-Test des Fahrrad-Clubs ADFC, entsprechend hart ist die Kritik von Verbänden wie Verkehrsclub Deutschland (VCD), Greenpeace, Attac, Bund für Umwelt und Naturschutz (BUND) aus. Die Misere auf kommunaler Ebene lässt sich auf ganz Deutschland übertragen. Wir sind ein Land, das das Auto über alles stellt. Auch international wirkt unser Land auf viele Beobachter:innen wie ein unbelehrbarer *Fossile-Energie-Junkie*, der sein grundsätzliches Problem und seinen wachsenden Energiehunger bereits vor Jahrzehnten erkannt hat, aber sich trotz vieler ehrlicher Ratschläge aus dem In – und Ausland aus der Abhängigkeit seiner Dealer nicht lösen kann oder will.

Zurück zum lokalen Beispiel meiner Stadt Marl: All das, was unsere Politiker:innen 1991 hätten in die Wege leiten können, haben sie nicht getan. Stattdessen haben sie im Jahr 2000 die Parkraumbewirtschaftung aufgegeben und das stadtweite kostenlose Autoparken eingeführt. Vor dem Einkaufcenter *Marler Stern* fehlen bis heute vernünftige Abstellplätze für Fahrräder. Die bislang für Fußgänger und Radfahrende vorbehaltene Josefa-Lazuga-Allee am Rathausplatz wurde für den Autoverkehr geöffnet und trotz hunderter vorhandener Parkplätze in der Tiefgarage des Einkaufzentrums vor dem Gebäude ein großer Parkplatz gebaut.

Wenn Städte für viel Geld Mobilitätskonzepte oder Verkehrsentwicklungspläne erarbeiten lassen und die darin aufgezeigten Lösungsvorschläge auch dreißig Jahre später noch nicht umgesetzt sind, müssen wir uns nicht wundern, dass die Politikverdrossenheit steigt. Das ist für sich gesehen schon schlimm genug. Aber wenn unsere Umwelt und unser Klima weiter Schaden nehmen, weil die richtigen Erkenntnisse nicht schon in den 1990er Jahren umgesetzt wurden, ist das zynisch. Besonders, wenn wir von den damals verantwortlichen Politiker:innen und deren Fanbase heute als Nestbeschmutzer, Zustandsstörer und Fundamentalkritiker bezeichnet werden.

Jetzt gemeinsam

die Verkehrswende in Marl starten!

Freitag,

24. Januar 2020

19.30 Uhr

Gemeindezentrum St. Josef,
Bergstraße 115, 45770 Marl

Podiumsdiskussion

Marl war einst Pionierin der fahrradfreundlichen Städte.
Seit Jahren landet sie aber beim Fahrradklimatest des ADFC unter den Schlusslichtern. Tiefpunkt war 2014 der Rausschmiss aus der AG Fußgänger- und Fahrradfreundlicher Städte (AGFS).

Wir möchten Marl als Fahrradstadt wieder stark machen.
Für mehr und besseren Radverkehr für Jung und Alt. Dazu braucht es eine starke Bewegung der Bürgerschaft - zusammen mit Partnern aus Vereinen, Kirchen, Kultur, Wirtschaft, Verwaltung und Politik.

Machen Sie mit! Starten Sie jetzt mit uns die Verkehrswende und diskutieren Sie mit:

Teilnehmerliste Podiumsdiskussion:

Dr. Ute Symanski, Vorsitzende Radkomm e.V., Volksinitiative *„Aufbruch Fahrrad"*
Andrea Baudek, Baudezernentin Stadt Marl
Thomas Semmelmann, Vorsitzender ADFC NRW
Christine Fuchs, Vorsitzende AGFS (angefragt)
Rafael Alfen, RadEntscheidEssen
Alltags- und Freizeitradler aus Marl
Moderation: Ludger Vortmann, Radler-Stammtisch Marl

www.Radentscheid-Marl.de

Veranstalter: Radler-Stammtisch Marl - offene und unabhängige Initiative zur Förderung des Radverkehrs in Marl. // V.i.S.d.P + Infos: Ludger Vortmann, Schachtstr. 294, 45768 Marl

Einladungsflyer zu unserer Auftaktveranstaltung zum Radentscheid

Darum mussten wir als Bürger:innen den Druck auf die Politik erhöhen!.

Daher ist mit dem Beschluss für die Investition der 64 Millionen € unsere Arbeit auch längst noch nicht abgeschlossen. Vertreter:innen von ADFC und Radentscheid Marl sind seit 2021 fester Bestandteil der *AG Nachhaltige Mobilität* der Stadt Marl. Dort arbeiten wir gemeinsam mit den Vertreter:innen der Parteien, Verwaltung, Politik, des Verkehrsunternehmens *Vestische Straßenbahnen*, Seniorenbeirat, Polizei und weiteren Akteur:innen. Als Fahrradlobby achten wir darauf, dass unsere neun Ziele bis 2028 umgesetzt, die erforderlichen Personalstellen geschaffen und die beschlossenen Gelder auch wirklich investiert werden.

Erste Millionen verbaut, Arbeitsplätze geschaffen

Inzwischen sind auch bereits im ersten Jahr die ersten 1,6 Millionen € verbaut und drei neue Radverkehrsplaner:innen eingestellt. Die Investition wird Jahr für Jahr deutlich steigen, sagt die Baudezernentin. *Aber warum sieht man noch so wenig?* Für viele Bürger:innen sind die Fortschritte noch nicht deutlich erkennbar. Aber das wird sich ändern, wenn mehr Radwege, *Pop-Up-Bikelanes* und sogar Radschnellwege entstehen. Wenn die Oberflächen kaputter Radverkehrsanlagen saniert und weitere 22 Fahrradstraßen eröffnet werden. Selbst Kreuzungen werden gemäß unserer Forderungen umgebaut, damit das Radfahren sicherer und komfortabler wird. All das ist nur möglich, weil so unfassbar viele Menschen sich eingebracht haben. Mit unserem Projekt haben wir die Verkehrswende von unten angestoßen. Die Bürger:innen haben sie mit ihrer Unterschrift beschleunigt. Die Verwaltung setzt sie um. Neben unserem verkehrspolitischen Engagement als Radler-Stammtisch Marl bleibt STADTRADELN für uns eine wichtige Kampagne. Dabei beziehen wir die Lokalpolitiker:innen Jahr für Jahr ein. Zusammen können wir bei unserer Radtour „Radverkehr unter der Lupe“ die Fortschritte bei der Umsetzung der Ziele des Radentscheids bewerten.

Darum fährt Axel Rad!

Einer dieser Fahrradmenschen, die ich meine, ist Axel Fell, der auch den Blog „Warum ich Rad fahre“ betreibt. Ich habe ihn 2019 kennengelernt, damals noch als Reporter.

Axel, bei unserer ersten Begegnung hieß es, Du hättest für jeden Tag im Jahr ein neues Oberhemd mit Fahrradmotiv. Seitdem haben wir uns oft gesehen und Du hattest tatsächlich kein Motiv zweimal an. Was trägst Du beim STADTRADELN?

Axel Fell (Jahrgang 1961) ist Landesvorsitzender des ADFC NRW.

(lacht) T-Shirts mit Fahrradmotiv. Aber im Ernst, ich trete bei uns in Kerpen bereits seit Jahren als Teamkapitän eines offenen ADFC-Teams an, bei dem alle mitmachen können. Wir haben schon mehrfach die Teamwertung gewonnen.

Kurz vor der Landtagswahl 2022 hast Du mehr als 5.000 Menschen für die #VerkehrswendeJetztNRW -Demo in die Landeshauptstadt Düsseldorf geholt. Zusammen mit Attac, BUND, Campact, FUSS e.V., Greenpeace, VCD und RADKOMM. Was war das für ein Gefühl?

Es war ein etwas zwiespältiges Gefühl. Letztendlich haben sich viele, die sowieso schon für die Verkehrswende eintreten, mobilisieren lassen. Für sie war es eine wichtige Bestätigung, eine große Gemeinschaft zu erleben. Aber auch hier gilt: zum Umstieg vom Auto auf nachhaltige Verkehrsmittel motiviert keine Demo, sondern die konkrete Erfahrung und das gute Beispiel von Freunden, Nachbarn oder eben Initiativen oder der Fahrrad-Club vor Ort.

> *„Mein Tipp: Keine Angst, einfach anfangen!*
>
> **Axel Fell**

18. Kein Rad? Kein Problem!

Kaufen

Wenn Du kein Fahrrad hast, kannst Du dir natürlich eines kaufen. Am besten ist es, wenn Du dir schon ein paar Gedanken dazu gemacht hast. Ich gehe mal davon aus, dass Du dir nicht ausschließlich für STADTRADELN ein Fahrrad kaufen wirst. Mach dir ein paar Stichpunkte, was dein Rad können sollte. Und aus meiner Erfahrung solltest Du möglichst außerhalb der Stoßzeiten in den Fahrradladen gehen, damit Du dich in Ruhe beraten lassen und auch die eine oder andere Probefahrt mit verschiedenen Rädern machen kannst.

Fragen, die Du dir vorab stellen solltest:

- Willst Du damit nur mal ab und zu unterwegs sein und reicht dir ein einfaches Rad ohne Gangschaltung?

- Oder willst du (hoffentlich!) ab jetzt regelmäßig deine Alltagswege und vielleicht den Weg zur Arbeit mit dem Fahrrad machen?

- Wie ist die Topografie? Ist die Gegend, in der Du radeln möchtest, flach wie die Niederlande, leicht hügelig oder wie eine Alpenüberquerung?

- Wie lang sind deine Strecken? Eher kurz oder willst Du längere Radtouren machen und vielleicht zur Arbeit pendeln?

- Willst Du ein herkömmliches Fahrrad, das Du mit Muskelkraft antreibst oder kommt ein elektrisch unterstütztes Pedelec infrage?

- Welche Rahmenform möchtest Du? Ein Herrenrad mit Stange oder ein Unisexrad? Ein Tiefeinsteiger ist für dich auch dann noch gut, wenn Du das Bein nicht mehr so schwingen kannst wie früher.

- Wie sind die Wege beschaffen, die du fährst? Befestigte Wege oder eher auch Waldwege? Dann wohl besser kein Rennrad mit schmalen Reifen, sondern eher ein Gravel- oder Mountain-Bike.

- Bist Du ein Schönwetterradler oder braucht dein Fahrrad auch Schutzbleche?

- Wie soll das Fahrrad aussehen?

- Wie belastbar muss das Rad sein? Wie schwer bist Du und was möchtest Du transportieren? Das ist wichtig für mögliche Haftungsfragen, daher weisen manche Läden in der Rechnung darauf hin, wenn Kund:innen trotz Hinweis ein offensichtlich nicht dem Körpergewicht entsprechendes Fahrrad kaufen wollen.

- Wieviel Geld hast Du überhaupt zur Verfügung?

- Lohnt sich eventuell sogar ein Dienstrad-Leasing?

- Was brauchst Du an Zubehör? (Beleuchtung, Trinkflasche, ...)

- Hast Du vernünftige Kleidung zum Radfahren? Denke die Jahreszeit mit, sei auf Wetterkapriolen vorbereitet und informiere dich bei Bedarf über Fahrradkleidung, mit der Du auch im Job eine gute Figur machst.

- Wo bringst Du das Fahrrad sicher und witterungsgeschützt unter?

- Bei Pedelecs: Willst Du ein Bike mit Front-, Mittel- oder Heckmotor?

Wenn Du dich mit den Themen befasst und dir ein paar Dinge schon angelesen hast, kannst Du los in den Fahrradladen. Wenn Du einen guten um die Ecke hast, ist das gut, weil Du dann auch bei weiteren Fragen nicht erst mit dem kaputten Rad in die Nachbarstadt musst. Obwohl es inzwischen auch schon Fahrradläden gibt, die einen Abhol- und Bringservice haben. Aber wir wollen ja Autofahrten vermeiden. Und auch da gilt: *Nah und gut ist doppelt gut!*

Am besten gehst Du darum in den Fahrradladen um die Ecke. Dort wirst du gut beraten, denn ein Fahrrad muss nicht nur gut aussehen, sondern zu dir passen. So bekommst Du raus, ob die Größe stimmt, Du mit der Körperhaltung klar kommst und deine Handgelenke nicht zu sehr belastet werden.

Gerade seit Beginn der Coronapandemie ist es nicht immer einfach, das Traum-Fahrrad aus dem Katalog zu bekommen. Die Fahrradbranche boomt - doch der Handel kann die Nachfrage nach Fahrrädern und Serviceleistungen in den Werkstätten nicht immer direkt erfüllen. Das liegt natürlich auch an fehlenden Fachkräften, aber vor allem an der unterbrochenen Lieferkette: in China wurden wegen der Coronapandemie

Mein Tipp: Gebrauchte Pedelecs sind Vertrauenssache. Wenn Du eines von einem privaten Anbieter kaufen willst, lass dir die Wartungs-Rechnungen zeigen. Am besten lässt Du dich vom Fahrrad-Club ADFC vor Ort beraten. Online-Shops verkaufen gute Gebrauchte als Leasinig-Rückläufer: die sind wenig gelaufen und kommen mit Akku-Check!

Werke zur Produktion von Fahrrädern und Komponenten geschlossen. Und auch Chips für Pedelecs und E-Bikes aus Taiwan fehlen auf dem Markt. Auch der Angriffskrieg des Präsidenten der russischen Föderation, Vladimir Putin und seiner Gefolgsleute auf die Ukraine hat zu Lieferengpässe geführt. Denn Güterzüge konnten nicht oder nur eingeschränkt durch Russland fahren.

Daher solltest Du Geduld mitbringen oder flexibel sein bei Farbe, Herstellungsjahr und der Auswahl der Komponenten. Denn viele Teile werden zunächst an die Fahrradproduzenten geliefert, um die teureren E-Bikes und Fahrräder herzustellen. Werkstätten werden wegen der Lieferschwierigkeiten nachrangig behandelt und müssen zum Teil Wochen und Monate auf Ersatzteile für Reparaturen warten.

Gebrauchte Fahrräder

Möglicherweise ist auch ein Gebrauchtrad für dich eine gute Wahl. Denn immer mehr Anbieter spezialisieren sich auf gebrauchte Pedelecs und E-Bikes. Viele von ihnen kommen aus dem Dienstrad-Leasing und sind nach einer Laufzeit von drei Jahren oft noch in einem guten Zustand, weil sie wenig gefahren und die Wartungsintervalle eingehalten wurden. Darauf spezialisierte Anbieter analysieren auch die Akkus, so dass Du hier durchaus einen Schnapper machen kannst.

Es ist ohnehin sinnvoll, Fahrräder weiter zu benutzen. Ich persönlich hatte ein 25 Jahre altes GIANT Expedition, mit dem ich glücklich war, bis es mir Anfang 2022 an einer Bushaltestelle gestohlen wurde. Mein Trost: *"Wer alte Fahrräder klaut, fährt sie vermutlich auch."*

Alternativ empfehle ich Kleinanzeigenbörsen im Internet oder die Recherche nach Gebrauchtfahrrad-Messen in deiner Umgebung. Oft hilft auch der Fahrrad-Club in deiner Nähe. Er gibt Empfehlungen zu Fahrrädern und hilft dir mit Service-Tipps, damit Du möglichst lange Freude an deinem Fahrrad hast. Mit einer Codierung sicherst Du es vor Diebstahl und kannst es im Falle eines Falles leichter zurückbekommen.

LEIHEN

Wenn Du aber kein Fahrrad kaufen möchtest, leih dir eines. Entweder in der Familie oder Nachbarschaft. In vielen Großstädten gibt es auch Fahrrad-Verleiher, von denen ich einige kurz portraitiere. Leider gibts Verleihräder in vielen Städten nicht. Aber sie wären ein Gewinn. Denn sie machen Mobilität auf Kurzstrecken einfach, weil Du je nach Bedarf ein Fahrrad leihen kannst und zum Beispiel am Bahnhof mit dem Zug weiterfahren kannst. So holst Du dir die Mobilität, die genau zu dir passt, ohne ein Auto haben zu müssen. Aber der Markt ist in Bewegung. Während die Bahn und *Nextbike* etablierte Anbieter sind, gibt es immer wieder neue Firmen, die zum Teil nur in einzelnen Städten oder regional tätig sind. Manche sind aber so schnell vom Markt verschwunden wie sie aufgetaucht sind. Insofern gibt diese Liste den Stand von Juni 2022 wieder.

Nextbike

Nextbike ist in mehr als 25 Ländern vertreten und in Deutschland einer der größten Fahrradverleiher. Es gibt verschiedene Tarife, so dass Du stundenweise oder sogar für das ganze Jahr leihen kannst. Wenn du dich angemeldet hast, kannst Du auch in mehr als 300 Städten rund um den Globus ein nextbike buchen.

https://www.nextbike.de/de/

Call a Bike

Call a Bike ist ein Angebot der Deutschen Bahn und mit 13.000 Leihrädern in 80 Städten vertreten. Auch hier registrierst Du dich zuerst mit E-Mail, Handynummer und Kreditkarte und kannst über die App das nächste freie Fahrrad in deiner Nähe finden. Der Ausleihprozess wird durch das Scannen eines QR-Codes gestartet. Die Rückgabe erfolgt an einer der Stationen. Für das Sonstwo-Abstellen zahlst Du eine kleine Servicegebühr von etwa 1 €.

https://www.callabike.de

ListnRide

Über *ListnRide* kannst Du gleich für eine ganze Gruppe mieten. Über den Anbieter kannst Du sogar selber ins Sharing-Business einsteigen und mit dem Verleih deines eigenen Drahtesels die Kassel klingeln lassen. Du kannst dabei bestimmen, wie viele Tage oder Wochen Du dein Rad vermieten willst und hast laut Anbieter auch Sicherheit bei Beschädigung oder Diebstahl - oder wenn die Kundschaft mal Stress machen sollte.

https://www.listnride.de

Donkey Rebublik

Donkey Republik - Bikes werden über eine App gebucht. Du kannst bei Touren mit deiner Familie oder Clique bis zu fünf Räder auf einmal mieten. Dabei zahlst Du nach Minuten, wobei es günstiger wird, je länger Du fährst. Die Preise unterscheiden sich aber von Stadt zu Stadt. Wenn Du mit diesen Rädern mehrmals im Monat unterwegs bist, lohnt sich ab fünf Mieten pro Monat eine lokale Bikesharing-Partnerschaft, die einfach gekündigt werden kann. Dabei bekommst Du auch Unterstützung, wenn das Bike gestohlen wurde oder kaputt ist.

https://www.donkey.bike/de/

Lime

Lime kennen viele von E-Scootern, aber es gibt auch Leihräder in 16 Leihgebieten in Deutschland. In Berlin und München werden auch E-Bikes angeboten über die Uber-Tochter Jump. Die Preise liegen aber über denen der Fahrräder: 25 Cent/Minute und ein Freischalt-Pauschale von 1 €. Leihen und Rückgabe der Lime-Bikes erfolgen an festen Stationen oder auch in den in der App angegebenen Zonen.

https://www.li.me/de/startseite

Swapfiets

Mit *Swapfiets* mietest Du dein Fahrrad längerfristig, kannst aber monatlich kündigen. Der Anbieter kümmert sich um alle Probleme wie Reparaturen und wirbt mit einem 48-h-Service und Ersatzbike. Swapfiets ist auch in Beglien, NL und Spanien am Markt. In Deutschland machen zehn Städte mit - z.B. Berlin, Bremen, Bonn und München. Das einfache Holland-Rad ohne Gangschaltung kostet 16,90 € im Monat, die Deluxe-Version mit 7 Gängen 19,90 €. Auch E-Bikes sind im Verleih und kosten ab 59,90 pro Monat. Zusätzlich wird eine Service-Gebühr von 19,50 € zu Beginn fällig.

https://swapfiets.de/

Tretty

Tretty ist ein Bikesharing in Münster. Im Angebot sind neben Fahrrädern auch Tretroller und Lastenräder in knallgrün. Alle Fahrzeuge werden mit Muskelkraft betrieben, was in der Fahrradstadt Münster auch problemlos funktioniert und das Klima schützt. Die Miete und Abgabe ist flexibel im ganzen Geschäftsgebiet möglich.

https://www.tretty.de/

AUFBRUCH
FAHRRAD

25%
BIS
2025!

Ute Symanski hat nie behauptet, das Rad erfunden zu haben; das war bekanntlich Freiherr von Drais 1817. Aber Ute ist die, die seit Jahren dafür Dampf macht, dass es endlich die fehlenden sicheren und attraktiven Radwege dafür gibt. Gemeinsam mit ADFC NRW und mehr als 100 Initiativen und Vereinen sammelte sie rund 207.000 Unterschriften für die Volksinitiative *AUFBRUCH FAHRRAD.*

Dr. Ute Symanski lebt in Köln und ist Vorsitzende des RADKOMM e.V. und Mitinitiatiorin und Vertrauensperson der Volksinitiative Aufbruch Fahrrad in NRW.

Zahltag

Das war der Anstoß für das erste Fahrrad- und Nahmobilitätsgesetz in einem Flächenland, das am 1. Janaur 2022 in NRW inkfraft trat. Die an der Volksinitiative beteiligten Verbände kritisieren es zwar als mutlos und unverbindlich, doch es war immerhin ein Anfang. Einer der Kritikpunkte: Zwar finden sich die 25 Prozent als Ziel des Radverkehrsanteils am Gesamtverkehr im Gesetz, jedoch nicht wie gefordert bis 2025, sondern bis *irgendwann.*

Ziele der Verkehrswende dürfen nicht unter den Tisch fallen!

Die Volksinitiative AUFBRUCH FAHRRAD forderte außerdem zum Beispiel:

- 1.000 Kilometer Radschnellwege für den Pendelverkehr bis 2025
- 300 Kilometer überregionale Radwege pro Jahr
- Unterstützung der Kommunen und bessere Zusammenarbeit zwischen Land und Städten
- deutlich mehr Aus- und Fortbildung von Radverkehrsplaner:innen
- eine dauerhaft auskömmliche Finanzierung der Radverkehrsförderung

Ute, beim STADTRADELN können ja alle mitmachen und die Windschutzscheibenperspektive verlassen. Welche Erfahrungen hast Du damit gemacht?

Das STADTRADELN in Köln wurde einige Male auf unserem Kongress RADKOMM eröffnet. Ich erinnere mich zum Beispiel an ein Jahr, in dem eine ganze Schulklasse bei der Eröffnung auf der Bühne war, gemeinsam mit der Kölner

Oberbürgermeisterin Henriette Reker und dem Beigeordneten für Soziales, Harald Rau. Das RADKOMM-Team nimmt jedes Jahr teil, meist schließen wir uns mit anderen Teams zusammen. Besonders mag ich, wenn es irgendwann diese Eigendynamik gibt, und die anderen aus dem Team fragen, ob man die Tageskilometer schon eingetragen hat. Oder wenn man von einer schönen Radtour am Wochenende berichtet, dass sofort jemand sagt: Ey, vergiss nicht, die Kilometer beim STADTRADELN einzutragen! Diesen charmanten, spielerischen Wettbewerb, den mag ich sehr. Beim STADTRADELN steht mein Hauptverkehrsmittel für einige Wochen im Mittelpunkt.

STADTRADELN will jährlich mehr als eine Million Menschen erreichen. Warum ist es aus Deiner Sicht so wichtig, dass wir mal ein paar Wochen lang aufs Auto verzichten?

Für mich persönlich ist das überhaupt keine „Challenge", aufs Auto zu verzichten, denn ich habe mein letztes Auto vor mehr als 20 Jahren bewusst abgeschafft und fahre alles mit dem Rad, der Bahn und dem öffentlichen Nahverkehr.

Meinst Du, das ist auch eine Altersfrage?

Ein großer Anteil derjenigen, die aktuell das Auto alltäglich nutzen, kommt aus einer Generation, die mit dem Auto als Alltagsverkehrsmittel aufgewachsen ist. Ich selbst komme ja auch aus dieser Generation und bin ein klassisches Kind der 70iger Jahre: es war für mich völlig selbstverständlich, dass ich mit 18 den Auto-Führerschein mache und dass ein Auto zu einem „normalen" Leben einfach dazu gehört. Viele Menschen aus dieser Generation fragen sich aber jetzt angesichts der Klimakrise, was ihr Beitrag sein könnte, um

”

Und drittens würde sie sofort ein Tempo-limit her-beizau-bern...

Dr. Ute Symanski über Wünsche an gute Feen.

die Klimakrise zu mildern. Manche kommen jedoch nicht unbedingt auf die Idee, dass ihr Mobilitätsverhalten ein Schlüssel sein könnte. Und hier kommt das STADTRADELN ins Spiel: Es bringt uns auf die Idee, dass wir das doch mal ausprobieren könnten, statt des Autos das Fahrrad zu benutzen. Der Verkehrssektor macht mehr als 20% des CO2-Ausstoßes aus, und der Abrieb der Autoreifen hat einen sehr großen Anteil am Mikroplastik in den Gewässern. Deshalb ist es so wichtig, dass wir unsere Mobilität neu gestalten und effizienter und nachhaltiger machen. Es gibt nach wie vor viele Menschen, denen das Angst macht, dass eine Veränderung in der Mobilität kommen wird, und dass wir in Zukunft viel weniger mit dem eigenen Auto unterwegs sein werden. Das STADTRADELN ist eine wunderbare Gelegenheit, dieses neue Mobilitätsverhalten einfach mal auszuprobieren. Und idealerweise festzustellen, dass es ganz schön viel Spaß machen kann, aktiv und auf dem Rad unterwegs zu sein.

Mit STADTRADELN können wir unsere eigene kleine Verkehrswende starten - die ersten drei Wochen sind ein guter Anstoß. Welchen Tipp hast Du für Leute, die bislang viel mit dem Auto unterwegs sind - auch auf kurzen Strecken?

Ich erlebe es selbst immer wieder, wie froh viele eher ungeübte oder weniger erfahrene Radfahrende sind, wenn sie Tipps für schöne und entspannte Strecken von A nach B bekommen. Wenn man selbst nicht regelmäßig mit dem Rad in der eigenen Stadt oder dem eigenen Ort unterwegs ist, kennt man ja die schönen Strecken gar nicht. Viele, die in erster Linie das Auto nutzen, und auch wenig zu Fuß gehen, kennen halt auch nur die großen Straßen, an denen sie vielleicht nicht mit dem Rad fahren möchten. Deshalb ist mein Tipp, eine Person aus dem Freundes- oder Bekanntenkreis anzusprechen, die viel mit dem Rad fährt, und diese Person nach schönen Strecken zu fragen. Oder vielleicht mal gemeinsam die schönen Strecken zu erkunden.

Wenn eine gute Fee auf dem Fahrrad vorbeigeradelt käme, welche drei Wünsche hättest Du an sie?

Oh, gleich drei Wünsche, das ist ja wirklich toll! Ich wünsche mir erstens eine Radinfrastruktur, auf der ich sicher, bequem und schnell und ohne viel nach dem Weg zu suchen zu meinem Vater ins Ruhrgebiet radeln kann. Das ist eine Strecke von knapp 100 Kilometern, und aktuell ist das ein Abenteuer, den Weg zu finden, die Radinfrastruktur ist teilweise unfassbar schlecht und es dauert ewig. Ich möchte am liebsten auf Landstraßen fahren, die dem Radverkehr vorbehalten sind, und es möglich machen, dass ich in 5 Stunden bei meinem Vater bin. Zweitens würde die gute Fee uns als Gesellschaft helfen, unsere Autoblindheit zu überwinden, und uns sehen lassen, wie wenig wir den öffentlichen Raum für Menschen gestalten, und wie sehr für Autos. Sie würde dafür sorgen, dass wir als Gesellschaft sehen, auf wieviel wir verzichten, weil wir dem Auto so viel unterordnen. Wir verzichten auf das Gefühl, dass der öffentliche Raum ein sicherer Ort ist, in dem wir uns frei bewegen können, in dem alle, auch Kinder und Menschen mit Beeinträchtigungen sich frei bewegen können, ohne Angst, verletzt oder getötet zu werden, auf eine schöne Nachbarschaft mit Spielflächen, mit Parkflächen, mit Bänken, Aufenthaltsflächen, Naturflächen, auf Ruhe, auf grüne und schöne urbane Lebensräume, auf saubere Luft. Und drittens würde sie sofort ein Tempolimit herbeizaubern, für Autobahnen und Landstraßen wie für den Verkehr in den Städten.

20. Fahrradparken

Wenn Du in der Stadt mit dem Fahrrad unterwegs bist, kennst Du das Problem. Wo stellst du dein Fahrrad ab? Abgesehen davon, dass es überall Autoparkplätze gibt, fehlt es fürs Rad oder Lastenräder an sicheren und witterungsgeschützten Abstellmöglichkeiten. Vor allem, wenn Du ein hochwertiges Fahrrad hast wie zum Beispiel ein teures E-Bike, wirst Du oft Fahrradbügel vermissen und im Zweifel nur die uralten "Felgenkiller" finden, die oft dazu führen, dass du am Ende nur noch dein am Ständer abgeschlossenes Vorderrad findest oder dass jemand dein Fortbewegungsmittel hemmungslos ausgeschlachtet hat. Nein, Fahrradbügel sind erforderlich, im Zweifel nutzen wir halt Laternenmasten oder Regenrohre. Das musste ich übrigens vor kurzem in meiner Heimatstadt Marl erleben, weil eine Elektronikkette die vier Haltebügel weggeflext hatte, um an der Stelle auf dem ohnehin großen Autoparkplatz zusätzlich drei Autoparkplätze für Online-Kunden zu schaffen.

Die Stadt war darüber nicht erfreut und hat das Unternehmen angesprochen. Denn Unternehmen müssen analog zum Bau von Autoparkplätzen immer auch eine von der Kommune festgelegte Zahl von Fahrradplätzen nachweisen. Der Elektronikmarkt

hat übrigens als Ersatz Felgenkiller angeschafft. *Guten Morgen im Gestern!*

Dass es anders geht, zeigt ein Lebensmittel-Discounter in meiner Stadt, wo mehr Fahrradparkbügel als vorher und sogar ein Unterstand gebaut wurden.

Die Läden brauchen halt nicht mehr Autos vor den Läden, sondern mehr Kundschaft im Laden. Dabei stört es nicht, wenn sie zu Fuß, mit dem Rad oder ÖPNV kommen.

Im Kapitel für Politiker:innen habe ich ja schon die Studien erwähnt, die bewiesen haben, dass der Handel die Kaufkraft von Autofahrenden stark überbewertet. Dagegen kann auch der lokale Handel mit Maßnahmen für attraktive Radwege und Abstellmöglichkeiten im Geschäftsumfeld selber positive wirtschaftliche Effekte bewirken.

Autoparken überall in Europa teurer

Parken ist ein spannendes Thema. Beim Blick in andere europäische Nachbarländer sehen wir, dass Autoparken dort viel teurer ist als bei uns. Und der öffentliche Raum wird als das angesehen, was er auch bei uns sein sollte: *Kostbar und Eigentum aller Menschen.*

In meiner Stadt gibt es gar keine Parkraumbewirtschaftung, was leider in vielen Fällen dazu führt, dass *Fahr*bahnen zu *Park*bahnen mutieren. Pkw können kostenlos direkt vor der Haustür stehen und können kostenlos vor Läden im Stadtgebiet abgestellt werden. Im Vergleich dazu muss ich mit etwas Pech als Besitzer eines hochwertigen Pedelecs mangels sicherer Abstellmöglichkeiten das schwere Teil erst aus dem Keller nach oben tragen und finde vor der Bäckerei keinen Stellplatz, sondern werde im Zweifel sogar noch als Verkehrshindernis wahrgenommen.

Aber es kommt Bewegung in die Sache mit dem Fahrradparken: Vorbild sind die Niederlande, wo in Utrecht vor wenigen Jahren das größte Fahrradparkhaus der Welt eröffnet wurde. Dort fährst Du bequem mit dem Rad in die Tiefgarage und erreichst in nur einer

Minute den Bahnsteig. Absolut stressfrei, weil Du mit nur einer Karte sowohl Zugang zum Fahrradstellplatz und Bahnhof erhältst sowie dein ÖPNV-Ticket bezahlen kannst.

Die Nachfrage an hochwertigen, witterungsgeschützten und sicheren Fahrradabstellplätzen wird vor allem in Fahrradstädten wie Münster in Nordrhein-Westfalen deutlich. Hier besteht allein rund um den Bahnhof ein Bedarf von rund 10.000 Fahrradabstellplätzen. Aktuell wird gerade ein *Mobility-Hub* gebaut, bei dem in einem ursprünglichen Parkhaus Platz geschaffen wird für Fahrräder und Car-Sharing: Aber selbst die hinzukommenden Kapazitäten reichen für die Nachfrage noch nicht.

Auch andere Städte in Deutschland reagieren auf die steigende Nachfrage an Fahrradstellplätzen. *Der Deutsche Fahrradpreis,* der jährlich vergeben wird, hat bereits einige Projekte dieser Art ausgezeichnet. Zuletzt "Mein Radschloss" in der Kategorie Infrastruktur. Das Projekt des Verkehrsverbunds Rhein Ruhr (VRR) ist inzwischen in 15 Städten des VRR-Verbandsgebiets eingeführt. An rund 70 Standorten können Bus- und Bahnkunden Fahrradboxen nutzen. Dazu reicht die Chipkarte oder das Smartphone. Ich habe das auch schon ausprobiert - es macht den Umstieg vom Fahrrad auf die Bahn einfach und sicher.

Link zu https://www.dein-radschloss.de

2020 wurden gleich zwei Projekte mit dem *Deutschen Fahrradpreis - best for bike* - ausgezeichnet. Den ersten Platz holte die

Karlsruher Fahrradstation Süd, bei der die Stadt Karlsruhe in einem ehemaligen Parkhaus 38 KFZ-Stellplätze zu einer Fahrradstation umgestaltet, die 680 Stellplätze für Fahrräder bietet. Das war nötig, weil die vorhandenen Stellplätze nicht ausreichten. Besonders toll: Das Fahrradparkhaus ist hell, bietet auch Platz für Lastenräder und Räder mit Anhängern. Vor allem Radpendler werden sich über die Umkleiden, Trinkwasserstation und verschließbare Spinde freuen. Als Bonus gibts Werkzeug in einer Art Mini-Werkstatt, damit Du vor der Rückfahrt kleinere Reparaturen vornehmen kannst.

https://karlsruherfaecher.de/fahrradstation

Ebenfalls ausgezeichnet wurde die Berliner GEWOBAG AG, die für ihre Mitarbeitenden den Prototyp einer Fahrradgarage entwickelt hat. Auf 320 Quadratmetern finden sich Abstellmöglichkeiten für Fahrräder, Lademöglichkeiten für Pedelecs, Werkstattbereich, Duschen und Umkleiden. Das Projekt hat inzwischen andere Immobilienentwickler inspiriert.

Bundesweite Radstationen

Vor einigen Jahren hat sich die Idee des Fahrradparkens aus den Niederlanden auch in Deutschland durchgesetzt. Die Idee: bewachte und witterungsgeschützte Parkplätze und weitere Service-Leistungen wie Mieträder und Reparatur-Service.

Manche *Radstationen* bieten darüber hinaus auch noch Fahrradkarten der Umgebung sowie Zubehör an und wirken wie ein Mini-Fahrradladen. Bundesweit gibt es mehr als 100 Radstationen, der Großteil in NRW, weil hier auch die Idee entstand und sie von hier aus auch vermarktet wurde.

Link zu
https://www.radstation-nrw.de

21. Gut zu wissen

Ob Du beim STADTRADELN unterwegs bist, in der Freizeit oder im Alltag: Diese Regeln solltest Du kennen.

Fahrräder gehören auf die Fahrbahn, wenn kein ordentlicher Radweg vorhanden ist, denn sie sind Fahrzeuge.

Radwege, die mit weißem Fahrradpiktogram auf einem blauen Schild gekennzeichnet sind, sind *benutzungspflichtig*. Sie sollen Radfahrende schützen, wenn auf der Straße keine sichere Führung möglich ist. Blaue Piktogramme auf dem Boden gelten nur zur Information.

Radwege befinden sich zum Beispiel neben den Straßen und sind durch einen Bordstein getrennt. Sie verlaufen neben dem Gehweg.

Die senkrecht verlaufende Linie zeigt in diesem Fall, dass Du als Radfahrende:r links fahren musst, Fußgänger haben ihren Bereich rechts. Das Schild gibts auch mit Radweg rechts.

Manchmal müssen sich Radfahrende und *Zufußgehende* einen Weg teilen. Das wird dann durch das Schild mit dem senkrechten Trennstrich ausgedrückt.

Radfahrstreifen...

sind auf der Fahrbahn durch eine durchgezogene breite Linie getrennt. Diese Wege sind zusätzlich durch Piktogramme auf der Fahrbahn sowie Fahrrad-Schilder gekennzeichnet. Wenn es keine Fahrradampeln gibt, richtest Du dich nach den Signalen für den Pkw-Verkehr.

Autofahrende dürfen Radfahrstreifen nicht befahren. In der Praxis sieht das leider anders aus, wie oft an von Autoreifen wegradierten Radfahrstreifen zu sehen ist. Auch das Halten und Parken von Kfz sind hier verboten und werden seit der Novelle der StVO 2021 teuer.

Schutzstreifen...

sind im Gegensatz zu Radfahrstreifen durch gestrichelte weiße Linien und Fahrradpiktogramme gekennzeichnet. Sie dürfen kurzzeitig vom Pkw-Verkehr genutzt werden, zum Beispiel, wenn bei entgegenkommenden Fahrzeugen der Platz auf der Fahrbahn nicht ausreicht. Halten oder Parken sind nicht zulässig. Auch hier gilt für uns Radfahrende die allgemeine Ampelregelung, sofern keine eigene Fahrradampel vorhanden ist.

Fahrradstraßen

Sind wie der Name schon sagt, für Fahrradfahrende. Kfz dürfen nur rein, wenn sie durch ein Zusatzschild freigegeben sind. Hier muss besondere Rücksicht auf Radfahrende genommen werden. Die Höchstgeschwindigkeit beträgt 30 km/h und rechts vor links, sofern keine andere Ausschilderung besteht. Das Nebeneinanderfahren von Radfahrenden ist ausdrücklich erlaubt.

Einbahnstraßen

Immer mehr Städte haben verstanden, dass Radfahren einfach, komfortabel und sicher sein muss, um möglichst viele Menschen auf Kurzstrecken vom Auto aufs Rad zu locken. Daher können Städte Einbahnstraßen für Radfahrende auch in Gegenrichtung freigeben und so das Radfahren erleichtern, weil zum Beispiel Umwege entfallen oder Steigungen vermieden werden. Manchmal können so auch Geschäfte komfortabler erreicht werden. Hier müssen wir aber besonders aufpassen, da andere Verkehrsteilnehmende vielleicht nicht mit uns rechnen.

Sackgassen

können für Radfahrende freigegeben werden. Auch das spart Umwege.

Nebeneinander fahren

Seit der Novelle der Straßenverkehrsordnung (StVO) im Jahr 2021 ist das Nebeneinanderfahren von zwei Radfahrenden ausdrücklich erlaubt. Aber wir dürfen dabei andere Verkehrsteilnehmende nicht behindern. Damit ist auch hier möglich, was wir aus den Niederlanden kennen. Wir können nebeneinander fahren und uns unterhalten, so wie wir es auch vom Autofahren kennen.

Grünpfeil für den Radverkehr

Dieses Schild gab es bereits für den Autoverkehr. Nun ist es mit Fahrradsymbol auch speziell für den Radverkehr gültig. Das Schild erlaubt dir das Rechtsabbiegen bei roter Ampel, nachdem du vorher angehalten und dich über die freie Straße vergewissert hast.

Überholverbot für einspurige Fz.

Vor allem da, wo es auf der Straße eng wird, macht dieses Schild Sinn. Es verbietet mehrspurigen Fahrzeugen einspurige Fahrzeuge wie E-Bikes, Fahrräder, Pedelecs oder Motorräder zu überholen.

Kennst Du das Schild Fahrradzone?

Wo dieses Schild angebracht ist, dürfen nur Fahrräder oder Elektrokleinstfahrzeuge fahren. Die Fahrradzone ist quasi ein ganzes Gebiet mit Fahrradstraßen. Sie sollen die Sicherheit für den Radverkehr in einem größeren Gebiet erhöhen.

Was ist ein Pop-Up-Radweg?

Erstmals wurden 2020 in Berlin die aus den USA bekannten *Pop-Up-Bikelanes* installiert. Es handelt sich um eine meist befristete Maßnahme, bei der zum Beispiel durch Baken eine Autospur in eine Fahrradspur umgewandelt wird. So kann bei Verkehrsversuchen festgestellt werden, wie sich der Radverkehrsanteil auf einem Streckenabschnitt verändert, auf dem Fahrradfahrende nun mehr Platz haben und geschützt unterwegs sind.

Achtung, Dooring!

Plötzlich aufgerissene Autotüren sind eine große Gefahr für uns. Denn oft fehlt ausreichender Abstand zwischen Radwegen, Schutz- oder Radfahrstreifen und parkenden Kraftfahrzeugen. Neue Verkehrsinfrastruktur sieht inzwischen ausreichende Abstände vor. Autofahrenden wird außerdem der sogenannte *Holländische Griff* empfohlen. Dabei öffnen wir die Tür mit der jeweils der Tür abgewandten Hand, weil wir uns dadurch drehen müssen und den nachfolgenden Verkehr im Blick haben. Wenn Du auf Straßen mit parkenden Fahrzeugen unterwegs bist, halte sicherheitshalber einen Abstand ein und fahre mitten auf deiner Fahrbahn. Das hat auch den Vorteil, dass sich nachfolgende Fahrzeuge bei entgegenkommendem Verkehr nicht noch an dir vorbeiquetschen können.

Muss ich eigentlich immer auf Radwegen fahren?

Grundsätzlich gehören wir als Radfahrende auf die Fahrbahn, weil wir mit einem Fahrzeug unterwegs sind. Das ist in der Straßenverkehrsordnung (StVO) so geregelt. Wenn wir auf der Straße aber gefährdet sind und es die "örtlichen Verhältnisse" erfordern, kann die Kommune einen Radweg als "benutzungspflichtig" kennzeichnen und ein blaues Schild mit Fahrradsymbol anbringen. Dann musst du den Weg nutzen, weil sonst ein Bußgeld droht.

Erklär mir Radschnellweg!

Ein Radschnellweg ist ein breiter, kreuzungsfreier Radweg, der das Radpendeln über größere Distanzen sicherer, attraktiver und zur Alternative für den Autoverkehr macht. Die Breite ermöglicht das sichere Überholen. Von den rund 100 Radschnellwegprojekten in Deutschland sind aber erst wenige in der Umsetzung. Ein Beispiel ist der RS1 in Nordrhein-Westfalen, der auf 114 Kilometern zwischen Moers im Westlichen Ruhrgebiet bis nach Hamm im östlichen Ruhrgebiet führen soll. Laut Plan sollten die ersten 100 Kilometer bis 2020 fertiggestellt sein. Bis zum Frühjahr 2022 waren es aber gerade mal 15 Kilometer im fertigen Ausbaustandard.

Mindestabstand?

Kfz-Fahrer:innen müssen laut StVO-Novelle von 2021 gesetzlich vorgeschriebene Mindestabstände zu Radfahrenden einhalten. Innerorts: 1,5 m, außerhalb geschlossener Ortschaften 2,0 m.

Was ist eigentlich ein Geisterradler?

Wie beim Autoverkehr sind Radfahrende manchmal in der falschen Richtung unterwegs. Geisterradler sind bei Unfällen zwischen Radfahrenden übrigens eine der häufigsten Ursachen und so eine Kollision kann echt schlimme Folgen haben. Daher ist es wichtig, dass wir auf der rechten Seite fahren. Bei benutzungspflichtigen Radwegen gibt das blaue Schild die Fahrtrichtung vor. Es kann aber auch sein, dass ein Radweg für zwei Richtungen ausgeschildert wird, das ist dann ein sogenannter *Zweirichtungsradweg*.

Besonders gefährlich ist es, wenn so genannte Geisterradler in der Dunkelheit dunkel gekleidet sind und ohne Licht unterwegs sind.

Ab wann dürfen Kinder mit dem Fahrrad zur Schule?

Sobald sie sicher mit dem Fahrrad unterwegs sind und die Eltern ihnen das Fahren erlauben. Nicht die Schule kann das bestimmen und auch die Fahrradprüfungen in der 3. oder 4. Klasse sind nicht Voraussetzung dafür. Auch hier kann STADTRADELN dazu beitragen, dass die Radwege im Schulumfeld sicherer werden. Zum Beispiel indem das Tempo vor der Schule reduziert wird und vor allem Eltern verstärkt ihre Kinder zu Fuß oder mit dem Fahrrad zur Schule begleiten. So sinkt die Gefahr durch die oft hohe Zahl der Pkw beim Eltern-Bring-Verkehr.

Zebrastreifen

Auch als Radfahrende dürfen wir den Zebrastreifen benutzen. Fahrend müssen wir aber querende Fahrzeuge passieren lassen. Wenn wir wie Fußgänger Vorrang haben wollen, müssen wir absteigen und unser Rad über den Zebrastreifen schieben.

Radfahren und Alkohol

Wer mit dem Fahrrad unterwegs ist, sollte keinen Alkohol trinken. Schon ab einem Promillewert von 0,3 machst Du dich strafbar. Das ist gerade bei einem Unfall blöd, weil Du dann mithaften musst, wenn es aufgrund des Alkohols zu Fahrfehlern kommt. Ab 1,6 Promille ist es egal, ob Du unsicher fährst oder nicht: Du machst dich strafbar und musst damit rechnen, dass deine Fahreignung überprüft wird. Die Folge können ein Radfahrverbot und sogar der Entzug deines Kfz-Führerscheins sein.

Handy und Radfahren

Wenn Du beim Radfahren das Smartphone in der Hand hältst und benutzt, kann das teuer werden: Laut StVO kostet dich das mindestens 55 Euro (Juni 2022).

Wie gebe ich richtig Handzeichen?

Wenn Du abbiegen willst, musst Du ein Handzeichen geben. Sobald Du dich eingeordnet hast, kann der Arm wieder runter, denn er muss nicht beim Abbiegen oben sein. Ist es für dich ungewohnt, nicht die ganze Zeit beide Hände am Lenker zu haben? Dann empfehle ich dir ein Training in einer der ADFC-Radfahrschulen, die sich auf Erwachsene spezialisiert haben.

Darf ich beim Radfahren Kopfhörer tragen?

Ja, aber Du musst sicherstellen, dass Du alles um dich herum noch mitbekommst und Gefahrensituationen nicht überhörst. Also zum Beispiel herannahende Fahrzeuge, spielende Kinder, Signale von Rettungs- und Einsatzfahrzeugen und Zurufe. Das ist vergleichbar mit zu lauter Musik im Auto, die ja auch ablenken kann.

Gelten Temposchilder auch für Radfahrende?

Grundsätzlich müssen wir auf dem Fahrrad oder Pedelec unsere Geschwindigkeit immer der jeweiligen Situation anpassen. Aber es gibt einige Unterschiede beim Tempo. Das gelbe Ortseingangsschild, das auf Tempo 50 begrenzt (sofern keine andere Regelung gilt!) gilt nur für Kraftfahrzeuge. Dagegen sind die anderen Tempobegrenzungen auch für Radfahrende verbindlich. Also zum Beispiel die Schrittgeschwindigkeit in verkehrsberuhigten Bereichen oder Tempo 30.

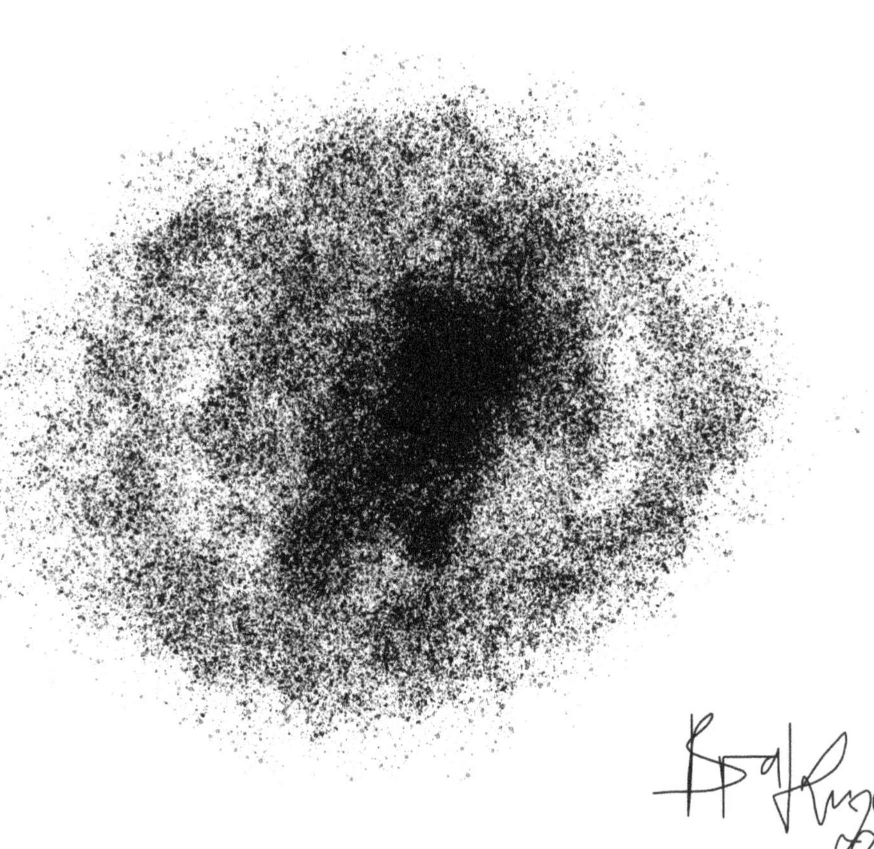

Titel: ***Spielendes Kind in der Stadt - Stickoxide auf Leinwand***
Künstler:in: Bratkartoffel of the universe
Entstehungsjahr: 2022

22. Gespräch mit Katja Diehl

#Autokorrektur

Warum unsere Städte so sind wie sie sind und was wir daran ändern können, kannst Du bei Katja Diehl nachlesen. Sie hat das Buch *#Autokorrektur* geschrieben, das quasi über Nacht die Bestsellerlisten eroberte. Ich verfolge Katjas Einsatz schon seit Jahren. Sie ist als #kkklawitter bei Twitter, Linkedin und vielen anderen sozialen Medien unterwegs. Ihr Podcast #SheDrivesMobility ist hörenswert. Wenn Du ihren kostenpflichtigen Newsletter abonnierst, informiert sie dich sogar wöchentlich über neue Trends der Mobilitätsbranche und ihre Gedanken dazu. Der Erfolg ihres Buches zeigt, dass das Thema klimaschonende Fortbewegung längst kein Randthema mehr ist.

Katja Diehl, geboren 1973, befasst sich mit dem Mobilitätswandel in ihrem Buch #Autokorrektur. *Hörenswert ist auch ihr Podcast „SheDrivesMobility".*

Katja, Dein Buch heißt #Autokorrektur, was ja ein augenzwinkerndes Wortspiel ist. Wir kennen den Begriff vom Computer, wo die Autokorrektur automatisch, schnell und ohne unser Zutun Fehler korrigiert. Das ist einfach und manchmal auch witzig, weil komische Zusammenhänge dabei rauskommen können. Die Autokorrektur,

die Du aber meinst, funktioniert nicht ganz so einfach. Und sie ist leider nicht lustig. Deine #Autokorrektur muss nicht verdrehte Buchstaben oder falsche Wörter korrigieren, sondern autozentrierte Städte. Was genau ist unser Problem und was muss sich ändern?

Tatsächlich glaube ich, dass 80 % des Autokonsums nicht als Problem gelesen wird. Das Auto wird als Lösung missgedeutet. Weil Menschen, die in Autos sitzen, zum Teil sehr glücklich sind ein Auto zu haben, das ihre Probleme löst, und das Leben im wahrsten Sinne am Laufen hält.

In deinem Buch gibt es viele spannende Interviews. Du bist immer eingestiegen mit der Frage, ob die Leute Autofahren wollen oder müssen.

Das reflektieren viele gar nicht mehr. Weil wir in Deutschland im Hinterkopf haben: Zur Not, wenn alle Stricke reißen, kann ich ja immer noch Auto fahren. Da sind dann automatisch 30 Millionen Leute ausgeschlossen: Erwachsene ohne Führerschein, Jugendliche und Kinder, die noch zu jung sind für einen Führerschein oder keinen aktiven Autozugriff haben. Das ist eine ziemlich große Gruppe.

In #Autokorrektur fragst Du Leute, ob sie in Deutschland auch ohne Führerschein ihr Leben führen könnten...

Da haben fast 100 % gesagt: *Da hab ich ja noch nie drüber nachgedacht.* Meine Frage hat einigen ganz schön Angst gemacht. Eine Frau sagte: *Katja, das soll nicht böse klingen, aber Du machst mir jetzt ein bisschen Angst.* Es würde schon reichen, wenn sie sich den Fuß bricht und sechs Wochen allein dastünde. Alleinerziehend. Ihre unmittelbare Familie ist nicht gerade um die Ecke. Sie wüsste gar nicht, hat sie gesagt, wie sie das regulieren könnte. Das zeigt ja, dass Automobilität keine Lösung ist, weil wir das System so aufgebaut haben, dass wir alles nur mit dem Auto schaffen. So werden Menschen ohne Auto ausgeschlossen.

An einer Stelle schreibst Du, dass es in Deutschland nach deiner Erfahrung nicht ausreicht, wenn wir sagen: He, Leute! *Ich* möchte gar kein Auto fahren.

Ich kehre ja sogar das Narrativ um und frage: Wenn ihr jetzt sagt, dass es im ländlichen Raum nicht ohne Auto geht, dürfen die 13 Millionen Erwachsenen ohne Auto dann bei euch nicht wohnen? Dürfen wir nicht eure Nachbar:innen werden? Das ist halt mein Versuch im Buch. Ich habe alle Fakten dazu, aber meiner Meinung nach, haben sie uns nicht weitergebracht. Deswegen brauchen wir eine Autokorrektur. Damit wir wahlfrei mobil bis ins hohe Alter sein können, egal wie krank oder arm du bist. Dass Du immer eine Mobilität hast, die dein Leben am Laufen hält.

Du schwärmst von den autofreien Innenstädten von Madrid und Barcelona, wo wir den Aufenthalt genießen können und das Auto nicht eine Sekunde vermissen. Eigentlich könnte man meinen, dass wir es inzwischen gecheckt haben müssten. Aber wenn wir wieder nach Hause zurückkommen, wollen viele von uns trotzdem nicht aufs Auto verzichten. Wie erklärst Du dir das?

Wir brauchen tatsächlich ein bisschen Hilfestellung und Visualisierung, wie das aussehen kann. Ein Beispiel: Ich habe letztens mit einem Nachbarn gesprochen, der Ingenieur ist. Er sagte, *wenn die Parkplätze leer sind, was kommt denn dann?* Er war nicht in der Lage, sich vorzustellen, was dann kommen könnte. Klar, wir haben unsere Städte nicht ohne Autos kennengelernt und sich das vorzustellen, ist schon schwierig. Aber die Städte sind ja Gott sei Dank *vor* dem Auto entstanden, so dass wir das alles wieder zurückbauen können. Ich glaube, dass wir als Städter:innen auch darum in den Urlaub fahren...

Was genau meinst Du?

Na, dass wir in den Urlaub fahren, weil uns die Stadt so stresst. Mir wird dann oft gesagt: Dann zieh doch aufs Land, wenn dir die Stadt zu laut ist. Ich sage dann: Ich will aber, dass die Stadt gut ist - sie auch für mich gut ist.

Aber sie ist nicht gut...

Nein, weil wir akzeptiert haben, dass es laut ist und dass der meiste Lärm natürlich vom Auto kommt. Darum ist es für jemanden, der gern auf dem Land wohnt, in der Stadt so stressig. Weil hier viele Leute sind. Aber alles andere ist aufs Auto zurückzuführen. Wenn man das ändern will, muss man an die Wurzel des Übels gehen. An die autozentrierte Stadt wie wir sie nach dem Krieg aufgebaut haben. Die ganze Infrastruktur ist nur für dieses eine Verkehrsmittel da.

Manche empfinden das als radikal...

Radikal ist ja zunächst ein positives Wort im Sinne von *an die Wurzel gehen.* Es wird so überbordend unmöglich angesehen, vielleicht auch, weil wir die Autoindustrie so stark haben in Deutschland, so dass da gar nicht mehr der erste Schritt gemacht wird. So entstehen keine Räume. Es ist doch so: Wir machen total gerne Straßenfeste, räumen die Autos dafür raus für drei Tage und genießen es. Aber am Montag stehen die Autos wieder da. Anstatt mal zu hinterfragen, warum wir den öffentlichen Raum an eine Sache geben, die da nur steht. Die gar keine Funktion hat, sondern uns allen auf den Geist geht. Sogar Leuten, die Auto fahren.

Warum ist das so?

Es scheint Mut zu brauchen so wie die Pariser Bürgermeisterin Anne Hidalgo ihn hat, die ja Paris gerade umbaut. Sie schafft Tatsachen, die allen gefallen wie den Leuten, die am Ufer der Seine spazieren gehen, weil das ja vom Auto befreit wurde. Die sagen bestimmt nicht: *Ach, wie schade, dass die Autos hier nicht mehr fahren.* Hidalgo schafft eine Realität, die von heute auf morgen als Veränderung erlebbar ist. Nicht: *hier ein Pflaster, da ein Pflaster,* wie es in Deutschland üblich ist. Sie schafft Räume neu, so dass die Menschen merken: es ist kein Verzicht für uns, es ist ein Gewinn.

STADTRADELN will ja auch den Perspektivwechsel. Dass wir mindestens drei Wochen bewusst aufs Auto verzichten. Warum ist das so wichtig?

Ich glaube, dass wir in einer Routine drinstecken. Dass wir uns einfach nicht vorstellen können, dass es anderen noch schlechter geht als uns. Das ist ja der Klassiker: Ein Kind kommt in die Familie oder man wird pensioniert. Wenn ältere Menschen mehr Freizeit haben und auf ein E-Bike steigen. Und da merken sie erstmals, dass die Radwege nicht in Ordnung sind. Ich glaube, dieser Perspektivwechsel kann nur im Alltag stattfinden. Wenn du nur touristische Radwege fährst, bist du ja gut versorgt in vielen Gegenden von Deutschland. Aber wenn Du als Alltagsradfahrer:in unterwegs bist, sieht es schon ganz anders aus. Deswegen würde ich mir auch immer wünschen, dass Bürgermeister:innen erst mal ′ne Woche zu Fuß gehen, eine Woche mit Menschen mit Einschränkungen unterwegs sind und natürlich auch eine Woche in der Stadt Fahrrad fahren. Wir haben ja in Hamburg das Glück, dass unser Verkehrswende- und Mobilitätssenator Fahrradfahrer ist. Der hat kein eigenes Auto, ist Vater und kennt sich aus. Er weiß, wie sich bestimmte Ecken von Hamburg anfühlen. Das können Menschen nicht wissen, die nur im Auto unterwegs sind, die einen Dienstwagen haben oder gefahren werden. Und deswegen braucht es einen Perspektivwechsel, um auch Verständnis füreinander zu haben.

Katja, lass uns mal über das reden was möglich ist. Und über Geld. Dazu möchte ich als Beispiel meine Heimatstadt nennen. Marl hat in den vergangenen 30 Jahren nur wenig

Geld in den Radverkehr investiert. Entsprechend sind 40 % der Radwege sanierungsbedürftige Buckelpisten. Dagegen haben wir überdimensionierte vierspurige Straßen, die für 180.000 Einwohner:innen geplant wurden. Wir haben aber nur 85.000 Einwohner:innen. Trotzdem wollen manche Politiker:innen diese Straßen nicht für das Fahrrad umnutzen, obwohl diese laut Verkehrszählung und Mobilitätsgutachten für das Autoaufkommen vollkommen überdimensioniert sind. Nur der Druck des Radentscheids hat dazu geführt, dass bis 2028 insgesamt 64 Millionen € in die Radverkehrsinfrastruktur investiert werden. Pro Kopf und Jahr mehr als 90 €. Das ist international spitze. Leider sieht es in den meisten Städten in Deutschland ganz anders aus. Viele Städte lassen sich eine sichere und attraktive Fahrrad-Infrastruktur weniger als fünf € kosten. Uns ist demnach die sichere und selbstbestimmte Mobilität unserer Kinder weniger wert als eine kleine Pizza. Katja, was muss sich ändern?

In Ländern, wo Leute Rad fahren, wird was getan. Im Sinne vom Privilegien fürs Auto abschaffen. Es ist aber nicht so ideologisch wie wir in Deutschland das diskutieren. Nehmen wir die Niederlande oder Kopenhagen. Dort fahren die Leute gerne Fahrrad, weil es total easy ist. Weil es sich nicht lohnt, dort Auto zu fahren. Insgesamt brauchen wir mehr Wertschätzung für den Radverkehr. Ich habe eine Studie zum Einkaufsverhalten der Menschen in Berlin gelesen. Hintergrund war der Zorn der Händler:innen, wenn Autoparkplätze in Fahrradparkplätze umgebaut wurden. Der Tenor war: *Aber dann kommen die Kunden nicht mehr in meinen Laden.* Diese Ansicht, dass ausschließlich die Autofahrenden kaufen, ist bereits mehrfach widerlegt worden von verschiedenen Studien, zum Beispiel einer aus London. Die meisten Einkäufe kommen von Zufußgehenden und Radfahrenden. Das ist auch logisch. Denn wer mit 50 Stundenkilometern im Auto an Geschäften vorbeifährt, bekommt doch so gut wie nichts mit. Wer aber zu Fuß oder auf dem Rad unterwegs ist, ist in einer Geschwindigkeit unterwegs, die gebremst werden kann und sich verführen lässt. Auch die Verweildauer steigt, wenn da keine Autos sind. Aber die Menschen, die die Geschäfte in Berlin hatten, konnten sich das gar nicht vorstellen. Durch eine Studie, die die Einkaufssituation in Berlin analysiert hat, wurde schwarz auf weiß belegt, dass ihre Kund:innen mit dem Rad und zu Fuß kommen. Das hat die überrascht und ihnen die Augen geöffnet.

Was erheitert dich? Mich, dass mir jemand mein 25 Jahre altes Trekkingrad an der Bushaltestelle geklaut hat. Ich fühle mich so was von gebauchpinselt, weil es wohl top gepflegt ausgesehen hat. Spaß beiseite: Wer alte Fahrräder klaut, fährt sie vermutlich auch. Dein Schmunzler?

Ich habe eine Reportage gesehen über eine Critical Mass. Wo eine Dame im Golf sitzend warten muss, weil die Critial Mass gerade durchfährt. Auf die Frage, was sie über die Aktion denkt, antwortet sie: Sie habe absolutes Verständnis, denn das da wären ja alles Leute, die sich kein Auto leisten könnten. Mit dem Auto zeigst Du halt, du hast es geschafft...

Was ist wichtig, damit wir die Verkehrswende – Du würdest Autokorrektur sagen- hinbekommen?

Wir brauchen eine starke und laute Zivilgesellschaft. Bei allen Dingen, die sich verändert haben, sind ja auch die Radentscheide auf Basis von Zivilgesellschaft. Das habe ich auch an den Leuten gemerkt, die ich interviewt habe. Viele fühlten sich gar nicht mehr gesehen, sind entpolitisiert und entdemokratisiert. Die sind nach dem Gespräch mit mir wieder lauter geworden, wahrnehmbarer geworden. Wir müssen anerkennen, dass wir Teil von Politik sind. Dazu müssen wir nicht im Bundestag sitzen, sondern unsere Stimmen erheben. Politiker: innen wollen ja auch gewählt werden.

Also müssen wir Druck aufbauen?

Ja, und ich nenne dir auch ein Beispiel. In den Niederlanden hat in den 1970er Jahren eine Kampagne gegen die vielen im Straßenverkehr getöteten Kinder erreicht, dass die Niederlande für Radfahrende sicherer wurden. Wie ist das bei uns? Ich bin entsetzt, dass wir hier nicht endlich die Vision Zero, also null Verkehrstote, anstreben.

Das wäre dringend erforderlich. 2021 sind laut Statistischem Bundesamt 2569 Menschen im Straßenverkehr getötet worden[1]. Der niedrigste Stand seit Beginn der Statistik vor mehr als 60 Jahren. Aber kein Grund zum Feiern.

Das sind sieben getötete Menschen im Straßenverkehr jeden Tag. Sieben! Manche Leute sagen: es werden immer Menschen im Straßenverkehrs sterben. Und ich frage dann, wie viele sind denn ok? Sieben alle 24 Stunden wie im letzten Jahr? Und sind sieben ok, wenn es Deine Verwandten wären? Puh, sagen sie dann, das ist jetzt aber ein bisschen zynisch... Ich glaube, wir brauchen die Erkenntnis, wie wir Dinge verändern können. Denn wir haben die Dinge ja so gemacht wie sie jetzt sind. Es war ja kein Tsunami, der uns Autos rein gespült hat. Es ist doch cool, dass wir Dinge verändern können. Aber dazu brauchen wir den Druck. Und es ist unsere Verantwortung, ihn aufzubauen, damit Politik endlich was macht.

Danke für Deine Zeit, Katja!

Gerne, Ludger, bis dann!

Zum Nachlesen: AUTOKORREKTUR, Mobilität für eine lebenswerte Welt von Katja Diehl, S.Fischer Verlag, Printversion: 18,00 €, E-Book: 16,99 €.

---

1 https://www.destatis.de/DE/Presse/Pressemitteilungen/2022/02/PD22_076_46241.html

23. Die Spielregeln

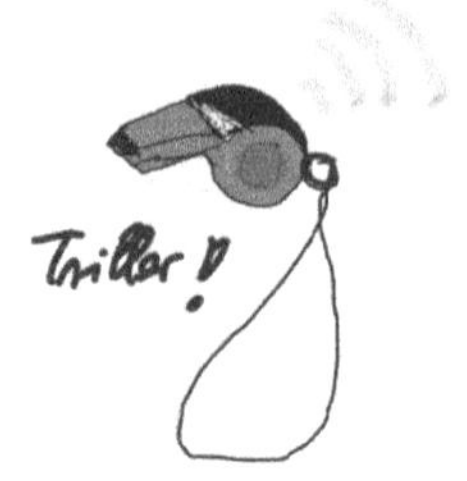

Wie bei jedem Wettbewerb oder Spiel gibt es auch beim STADTRADELN Spielregeln, an die wir alle uns halten müssen. Dabei geht es in erster Linie um Fairness. Denn obwohl wir gegeneinander antreten,

- Radfahrende gegen Radfahrende
- Orte gegen Orte gleicher Größe
- Bundesländer gegen Bundesländer

ist STADTRADELN in erster Linie Teamwork.

WORUM GEHTS BEIM STADTRADELN/Schulradeln?

Ersetze Fahrten mit dem Auto durch Fahrradfahrten. Lege so viele Kilometer wie möglich mit dem *Drahtesel* zurück. Das ist nicht nur gut für deine Gesundheit und spart bares Geld, sondern macht auch noch Spaß und schont das Klima. Dabei ist es egal, ob du privat oder dienstlich mit dem Fahrrad unterwegs bist.

WANN FINDET STADTRADELN / Schulradeln STATT?

Die Aktion läuft über einen Aktionszeitraum von 21 aufeinanderfolgenden Tagen. Wann genau es in deiner Gemeinde oder Stadt losgeht, erfährst Du dort. Manchmal kooperieren Städte eines Kreises oder einer Region und starten gemeinsam. Die teilnehmenden

Kommunen können sich ihren Starttermin zwischen dem 1. Mai bis 30. September aussuchen.

KANN ICH DA MITMACHEN?

Klar, wenn die Stadt, für die du antreten willst, beim STADTRADELN mitmacht. Voraussetzung ist, dass Du dort wohnst, arbeitest, Mitglied eines örtlichen Vereins bist oder dort eine Schule oder Hochschule besuchst.

WIE KANN ICH MITMACHEN?

Als Teilnehmer:in registrierst Du dich über die Internetseite STADTRADELN.de. Dann meldest Du dich an und wirst zum Beispiel Mitglied eines bereits bestehenden Teams. Du kannst aber auch ein eigenes Team gründen und bist dann automatisch Teamcaptain.

GEHTS AUCH OHNE TEAM?

Nein, denn das Klima-Bündnis sagt: "STADTRADELN ist Teamarbeit!" Wenn Du kein eigenes Team gründen willst, kannst du einem anderen beitreten. Wenn Du eines starten willst, braucht ihr nur zu zweit sein. Aber Achtung: Wenn sich am Ende der Aktion außer dir niemand in deinem Team angemeldet hat oder die anderen Mitglieder keine Kilometer eingetragen haben, wirst Du automatisch dem OFFENEN TEAM deiner Stadt zugeteilt und dein Mini-Verein geschlossen. *Zack!*

WELCHE FAHRZEUGE SIND ERLAUBT?

Du kannst mit einem Fahrrad oder einem Pedelec fahren. Ein Pedelec ist ein "E-Bike", das dich elektrisch unterstützt, wenn Du in die Pedale trittst, aber maximal bis 25 km/h. Es gilt laut Straßenverkehrszulassungsordnung StVZO als Fahrrad. Nicht erlaubt ist ein S-Pedelec, das bis 45 km/h unterstützt und als Kleinkraftfahrzeug eingestuft wird. Deshalb brauchen S-Pedelecs ein Kennzeichen, sie müssen auf der Straße fahren und dürfen nicht auf Radwegen unterwegs sein.

WIE SAMMLE ICH KILOMETER?

Jeder Kilometer, den Du im dreiwöchigen Aktionszeitraum mit dem Fahrad fährst, zählt. Du kannst die Strecken ins Kilometerbuch auf der STADTRADELN-Internetseite entweder per Hand eintragen oder über die STADTRADELN-APP tracken.

ICH HABE WEDER SMARTPHONE NOCH COMPUTER - WIE ÜBERMITTLE ICH MEINE KILOMETER?

Trag sie in den Kilometer-Erfassungsbogen ein, den Du wöchentlich bei den Koordinator:innen für STADTRADELN in deiner Stadt abgibst. Sie erfassen deine geradelten Kilometer digital, so dass dein Beitrag für die Kommune zählt.

WO DARF ICH RADELN?

Es ist egal, ob Du in deiner Stadt radelst, in einer Nachbarstadt oder im Urlaub. Jeder geradelter Kilometer zählt! Nicht zählt die Teilnahme an Sportveranstaltungen oder wenn Du in deinem Wohnzimmer auf dem Ergometer strampelst. Ist zwar löblich, aber Du ersetzt damit keine Autofahrt ;)

KANN ICH AUCH KILOMETER FÜR MEHRERE PERSONEN EINTRAGEN?

Ja, das geht. So können zum Beispiel Eltern für Familienmitglieder oder Lehrer:innen für die ganze Schulklasse eintragen. Dabei ist aber wichtig, dass Du die Anzahl der Personen eingibst, für die Du die Kilometer meldest. Das kannst Du unter “Einstellungen” in deinem Account angeben. In meinem Team hatte ich eine Mutter, die für die ganze Familie eingetragen hat, aber immer nur als eine Person auftauchte. Daher war sie vom ersten Tag an auf Platz 1 in unserem Team. Das demotivierte natürlich die anderen, die gemäß Regeln nur für sich allein eintrugen und trotz hoher Kilometerzahlen einfach immer wieder überholt wurden. Mit “astronomisch” hohen Strecken, die schwindelig machten. Das ist dann ein Fall für die Team-Captains, die ja per Mail oder Chat mit ihren eigenen Leuten in Kontakt stehen. Natürlich war es nur ein Versehen und wir konnten das Problem ganz einfach lösen. Die Teilnehmerin ergänzte in ihrem Account über die Option „Einstellungen“ die Zahl der anderen fleißigen Mitradelnden ihrer Familie und alle waren glücklich!

WANN MUSS ICH DIE KILOMETER EINTRAGEN?

Das ist dir überlassen. Du kannst sie pro gefahrener Tour, täglich, wöchentlich oder am Ende des dreiwöchigen Aktionszeitraums eintragen. Du entscheidest das selbst. Aber es ist wegen des Wettbewerbgedankens schon schöner, wenn die Kilometer deines Teams aktuell erscheinen. Das motiviert nach meiner Erfahrung die anderen in deiner Gruppe und macht den Wettbewerb noch spannender. Ich persönlich finde es nicht schön, wenn Du dich richtig

ins Zeug legst und das Gefühl hast, dass ihr oben mitfahrt, aber ein anderes Team, das bisher nicht in Erscheinung getreten ist, dich plötzlich mit einer unglaublich hohen Kilometerzahl überholt. Das ist zwar erlaubt und auch ok. Ich weiß aber, dass inzwischen viele erfahrene Koordinator:innen von STADTRADELN und Schulradeln das Problemchen kennen und ihre Teams dazu anhalten, zeitnah und regelmäßig einzutragen. Dann habt ihr selber auch einen guten Überblick. *Wichtig:* Am Ende der drei Wochen gibt es eine einwöchige Nachtragsfrist. Alle Pappenheimer, die bislang noch nicht eingetippt haben, können die im Aktionszeitraum geradelten Kilometer melden. Sobald die Nachtragswoche vorbei ist, ist jedoch keine Änderung mehr möglich.

IN MEHREREN TEAMS MITMACHEN

Du darfst in deiner Stadt nur einem Team angehören. Entsprechend darfst Du nur einen Account haben. Wenn Du aber in einer anderen Stadt arbeitest oder zur Schule gehst und dort auch am STADTRADELN teilnehmen möchtest, geht das. Dazu brauchst Du zwei unterschiedliche Accounts, für die du dich jeweils registrieren musst. *Achtung:* Du darfst deine errradelten Kilometer aber nur immer für jeweils eine Kommune eintragen, nicht für beide!

WER GEWINNT?

Das Klima-Bündnis zeichnet die fahrradaktivsten Kommunalparlamente sowie Städte mit den meisten Radkilometern aus. Damit es besser vergleichbar ist, gibt es fünf Größenklassen, die sich auf die Zahl der Einwohner:innen beziehen. Es macht ja keinen Sinn, eine Millionenstadt gegen eine Kleinstadt antreten zu lassen, wo viel weniger potentielle Teilnehmende leben. Damit möglicht viele neue Städte mitmachen, wird jedes Jahr die beste Newcomer-Kommune prämiert. Die Preisverleihungen in deinem Ort regelt deine Stadt. Da gibts in der Regel Auszeichnungen für die besten Teams, die emsigsten Radfahrenden und die eifrigsten Schulen. Die Städte können sich auch eigene Kategorien ausdenken.

DATENSCHUTZ UND HAFTUNG

Du nimmst freiwillig und auf eigene Gefahr am STADTRADELN teil. Der Rechtsweg ist ausgeschlossen. Beim Datenschutz achtet das Klima-Bündnis sehr streng auf den Schutz deiner persönlichen Daten bei der Nutzung der Internetseite und der STADTRADELN-APP. Die detaillierten Infos dazu kannst Du auf der Internetseite unter www.stadtradeln.de/datenschutz nachlesen.

Wann fand STADTRADELN das erste Mal statt?

- ☐ 2001
- ☐ 2008
- ☐ 2022

STADTRADELN gibt es in

- ☐ Dänemark, Deutschland, Griechenland, Luxemburg, Rumänien und den USA
- ☐ Dänemark, Deutschland, Frankreich, Luxemburg, Rumänien und den USA
- ☐ Dänemark, Deutschland, Irland, Luxemburg, Schlaraffenland und den USA

Wieviele Teilnehmende zählte STADTRADELN 2021?

- ☐ 804.077
- ☐ 499.199
- ☐ 99.000

STADTRADELN Sonderwettbewerbe sind

- ☐ STADTRADELN-Start
- ☐ STADTRADELN-Star
- ☐ STADTRDELN-Stark
- ☐ SCHULRADELN
- ☐ CO_2- Oscar

STADTRADELN will

- ☐ CO_2 einsparen
- ☐ CO_2 vermeiden
- ☐ mehr CO_2

STADTRADELN wurde ins Leben gerufen von

- ☐ WHO in New York
- ☐ Klima-Bündnis in F. a. M.
- ☐ Franz Beckenbauer in München

STADTRADELN läuft über den Zeitraum von

- ☐ 14 Tagen
- ☐ 21 Tagen
- ☐ 30 Tagen

Die Spielregeln

- ☐ gelten nur für Kinder
- ☐ sind da, um gebrochen zu werden
- ☐ gelten für alle und sorgen für Fairness

Diese Verkehrsmittel sind beim Wetbewerb erlaubt

- ☐ Elektroauto
- ☐ Motorroller
- ☐ Fahrrad
- ☐ E-Bike, sogenanntes Pedelec, bis max. 25 km/h Unterstützung
- ☐ Liegerad
- ☐ Speed-Pedelce (E-Bike mit Unterstützung bis 45 km/h.)

Beim STADTRADELN sammeln wir so viele Kilometer wie möglich mit dem Fahrrad und ersetzen das Auto. Das ist gut für

- ☐ meine Gesundheit
- ☐ meinen Geldbeutel
- ☐ das städtische Klima
- ☐ den *Onkel mit dem großen Zeh*

STADTRADELN-Teams gründen können

- ☐ nur (Ober-)Bürgermeister:in
- ☐ ADFC-Vorsitzende Peters
- ☐ Sponge-Bob
- ☐ nur Privatpersonen
- ☐ nur Fahrradläden
- ☐ Du
- ☐ ich
- ☐ eigentlich alle

Über den Autor

Hallo, ich bin Ludger Vortmann, Jahrgang 1969 und lebe mit meiner Frau Nicole und meinen Töchtern Merle und Marieke im südlichsten Zipfel des nördlichen Ruhrgebiets. Ich arbeitete mehr als zwei Jahrzehnte als Radio- und TV-Reporter für den WDR. Als *rasender Reporter* war ich ständig mit dem Auto auf der Überholspur unterwegs, wenn ich nicht gerade im Stau stand, was oft vorkam. Dass ich so unterwegs war, ging mir schon lange gegen den Strich. 2016 war es dann soweit: Ich startete meine eigene kleine Mobilitätswende mit einem Selbsttest im Radio: Vier Wochen lang ließ ich meinen Wagen stehen und fuhr dafür die fast 30 Kilometer zu meiner Arbeit mit einem Pedelec. Nach den 1064 Kilometern mit dem Rad wollte ich es nicht mehr missen.

So entwickelte ich mich quasi vom *rasendenden Reporter* zum *radelnden Reporter*. Meine Serie haben damals viele Leute gehört. Einige von ihnen haben ihr Mobilitätsverhalten daraufhin auch verändert, was mich sehr stolz macht.

Zu der Zeit machte ich das erste Mal beim STADTRADELN mit, außerdem produzierte und moderierte ich dann schon für das Klima-Bündnis den STADTRADELN-Podcast.

Wenn Du so willst, könnte man sagen: Vortmann brachte das Fahrrad nicht nur in die Medien, sondern auch auf die Straße: Denn ich bin auch Fahrrad-Aktivist und machte 2020 zusammen mit meinem Team bundesweit Schlagzeilen: Mit dem demokratischen Experiment *Radentscheid Marl* erreichte ich ausgerechnet auf dem Höhepunkt der 1. Coronawelle in nur vier Wochen, dass meine bislang autozentrierte Heimatstadt Marl zur Fahrradstadt umgebaut wird und bis 2028 insgesamt 64 Millionen Euro in die Fahrradinfrastruktur investieren muss.

Das Thema Mobilität beschäftigt mich schon seit meiner Jugend. Als 18-Jähriger bekam ich für einen literarischen Text den *Verkehrssicherheitspreis für Jungautoren des Bundesministers für Verkehr 1988*.

Aber auch traurige Dinge gehören zu meinem Leben: Mein Cousin Johannes wurde als junger Mann bei einem tragischen Unfall beim Radfahren tödlich verletzt - und meine Mutter stieg nach einem schweren Fahrradunfall, bei dem ihr vor meinen Augen die Vorfahrt genommen wurde, nie wieder aufs Fahrrad. In beiden Fällen hätte ein getrennter Radweg an der Landstraße die Unfälle vermeiden können.

Inzwischen habe ich meine Leidenschaft *Radfahren* zum Beruf gemacht und *drehe in Vollzeit am Rad* - natürlich im positiven Sinne! Ich bin Referent für Presse- und Öffentlichkeitsarbeit beim Allgemeinen Deutschen Fahrrad-Club (ADFC) im Landesverband Nordrhein-Westfalen.

Bildnachweise

Titelbild: Envatoelements / Sunny_studio

Stefan Koch: S. 15 rechts oben
Klima-Bündnis: S. 25, 30, 46, 54, 227
Scholz & Volkmer: S. 23
Envato Elements: S. 12, 26, 169 u. 170
ADFC/Deckbar: S. 54
VCD/Richard Westebbe: S. 55
Verenafotografiert: S. 86
Nicole Vortmann: S. 113
Marieke Vortmann: S. 124
Freddy Schoknecht, Dirk Groß-Langenhoff/Tanja Weyers: S. 121
Mehr Demokratie e.V.: S. 178
Siegfried Koop: S. 179 unten
Heinz Borgmann: S. 146 u. 147
Amac Garbe: S. 216
Stadt Marl: S. 107, 156 linker Teil der Wahlgrafik
Michael Marquardt: S. 176 (Logo)
Bratkartoffel of the universe: S. 214
Ludger Vortmann: S. 3, 12 (Montage), 14 alle bis auf rechts oben, 17 (Comic), 29, 33, 37, 41, 45, 48, 51, 58, 63, 72, 74, 84, 90, 91 (Illustr.), 107 (Illustr.), 112 (Illustr.), 115 (Skizze), 128, 133 (Illustr.), 137 (Illustr.), 141 (Illustr.), 143 (Grafik), 145, 151 (Comic), 154, 156 rechter Teil der Grafik Radentscheid, 157 alle, 163 (Illustr.), 165, 167, 171, 179 oben, 183 (Grafik), 185, 194, 195, 199 (Illustr.), 200, 206 beide, 210 unten, 211, 212, 213, 224, 235-236

Die versprochene Eisbären-Story

Drei Eisbären wollen am Nordpol Schlittenfahren. Als der erste seinen Schlitten, einen SUV mit 250 PS, getönten Scheiben und Spoilern anmacht, kommt zunächst eine schwarze stinkende Wolke aus dem Auspuff. Als Experte für Eis und Schnee fährt er ganz, ganz langsam an, weil er prüfen will, ob das Eis die Last wohl trägt. Und als er absolut sicher ist, dass das Eis unter ihm hält, lässt er die Reifen sowas von durchdrehen. Unter ohrenbetäubendem Lärm – und mit reichlich Qualm unter den Schlappen – bricht die Eisscholle und der Bär und sein Schlitten versinken im arktischen Meer.

In diesem Moment kommt ein Pinguin vorbei auf einem Fahrrad mit Spikes und klingelt: *Pliiiing!*

Als der zweite Eisbär seinen Schlitten startet, dröhnt der Auspuff so laut, dass sogar ein paar träge Walrobben aufschrecken und ihre sonst so behäbigen Körper hektisch ins Wasser gleiten lassen. Sie sind so schnell im sicheren Eiswasser abgetaucht, dass sie gar nicht sehen können, was für ein mordsmäßiger Schlitten sich da oben auf dem Eis befindet: Es ist ein Plugin-Hybrid, für den sich der Eisbär sogar noch 7.177,50 € Umweltbonus gesichert hat.

Weil er ja kein Depp ist, fährt er gaaaanz vorsichtig an und als er merkt, dass das Eis unter ihm und seinem 380 PS-Untersatz hält, gibt er so richtig Gummi und dreht so lange engkurvige Achten, bis der Permafrost unter ihm bricht und er ebenfalls mit seinem dicken Schlitten im Wasser versinkt, so dass er in der schwarzen Tiefe nicht mehr zu sehen ist.

In dem Moment kommt ein zweier Pinguin vorbei, wieder auf einem Fahrrad, wieder mit Spikes und klingelt: *Pliiiiing! Pliiing!*

Auch der dritte Eisbär lernt nicht aus der Vorgeschichte. Er springt in seine Monsterkarre, gibt Vollgas und lässt die Reifen so richtig durchdrehen bis die Felgen glühen. Dem Eis scheint

das nichts anzuhaben, denn es knackt nur ganz leise… Zunächst denkt man: *Puh, da hat er aber noch mal richtig Glück gehabt, der Gute!*

Aber dann kracht es lauter als zuvor und das Eis zersplittert in unzählige Stücke, so dass auch der Totwinkelassistent und der Spurhalteassistent versagen. So wird auch der vier Tonnen wiegende Wagen mit dem Eisbären am Steuer und seinen von der Ledersitzheizung angewärmten Arschbacken mit einem unsagbar gierig klingenden Schlürfgeräusch in die Tiefe hinabgerissen. Alles versinkt innerhalb weniger Sekunden im arktischen Ozean. Und der ist an dieser Stelle 5.417 Meter tief und damit eine der tiefsten Stellen im arktischen Meer.

Jetzt ist es ganz still im ewigen Eis.

Nur irgendwo fiept eine Möwe.

Plötzlich beginnt das Wasser zu brodeln.

Kurz bevor man denken will, es würde kochen… Kochen! Eiswasser im ewigen Eis im Polarmeer! Kurz bevor man also denkt, dieses sich bis zum Horizont erstreckende Meer wäre so eine Art *Polar-Friteuse*, wird klar, woher das Blubbern kommt. Denn die drei Eisbären, die hervorragende Schwimmer sind, tauchen wieder auf. Sie schlagen ihre Krallen ins Eis und ziehen sich mit ihren riesigen Pranken wieder an Land. Dort schütteln sie sich minutenlang. Und als sie die Pelze trocken geschüttelt haben, hören sie ein Geräusch. Es klingt wie ein leises „Pling!“ Und als die Eisbären genau hinsehen, erkennen sie in einiger Entfernung wieder einen Pinguin auf einem Fahrrad mit Spikes, der direkt auf sie zusteuert.

Als der Pinguin nach ein paar Minuten nur noch wenige Meter entfernt ist, stellt sich der erste Eisbär ihm in den Weg und faucht: *„Stopp! Mal 'ne Frage: Du bist jetzt schon der dritte Pinguin, der hier mit seinem Fahrrad vorbeikommt und uns mit seiner Klingel derbe provoziert. Willst Du vielleicht Ärger?“*

Antwortet der Pinguin: „*Sorry, aber das war alle drei Male ich. Ich bin hier schon dreimal vorbeigekommen, weil ich mir nicht vorstellen kann, dass ihr alle drei so blöd seid und nicht aus euren Fehlern lernt. Ihr seid ja noch blöder als ich. Und das will was heißen. Denn ich kann noch nicht mal meinen eigenen Namen aussprechen. Ich bin nämlich der festen Überzeugung, ich wäre ein* ***Plinguin.***"

Pliiing!

Dankeschön!

Vielen Dank an das *Klima-Bündnis*, das mein Buchprojekt von Beginn an positiv begleitet hat. Ein besonderer Dank geht dort an André Muno, Cordula Richter, Sebastian Reisch und Paul Eisner.

Ich danke meinem Freund und Nachbarn Ralf alias *Der Onkel mit dem großen Zeh* alias *Akusmatic*, dessen Musik meine gleichnamige Hörbuchfassung einleitet *(akusmatic.bandcamp.com).*

Herzlichen Dank an meine Interviewpartner:innen: Werner Arndt, Andrea Baudek, Heinz Borgmann, Steffen Brückner, Katja Diehl, Axel Fell, Kerstin Haarmann, Simone Krauss, Udo Lutz, Heribert Rasch, Ann-Kathrin Schneider sowie Ragnhild Sørensen, Benedikt Stelthove und Dr. Ute Symanski.

Mein Dank geht auch an alle anderen *Fahrradmenschen*, die Tag für Tag überall in Deutschland unterwegs sind und von denen sich viele für mehr und bessere Fahrradmobilität einsetzen: für Sicherheit und eine höhere Aufenthaltsqualität in den Städten. Denn Lebensqualität ist *Luxus pur!*, wie mein Freund und Nachbar Ralf ja sagt. Und diesen „Luxus" (saubere Luft, weniger Lärm, mehr Sicherheit und mehr Platz für Menschen) sollten wir uns als Gesellschaft leisten können!

Damit Kinder so früh wie möglich selbstständig und selbstbestimmt mit dem Fahrrad unterwegs sein können, ältere Menschen so lange wie möglich und alle anderen natürlich auch!

Schön, dass Du es bis hierhin durchgehalten hast. Du scheinst es ernst zu meinen. Ich danke dir dafür und bin mir sicher: schon kurz nachdem Du dieses Buch zugeklappt hast, beginnt dein eigenes Fahrradkapitel...

Ich bin schon gespannt!

Ludger Vortmann, Marl im Juli 2022

CPSIA information can be obtained
at www.ICGtesting.com
Printed in the USA
LVHW030407170822
726152LV00003B/291